王宁远 著

何以良渚

良渚文明丛书
Liangzhu Civilization Series

How had been
Liangzhu

ZHEJIANG UNIVERSITY PRESS
浙江大学出版社

图书在版编目（CIP）数据

何以良渚 / 王宁远著. —杭州 ： 浙江大学出版社，
2019.7（2024.1重印）
（良渚文明丛书）
ISBN 978-7-308-19217-0

Ⅰ．①何… Ⅱ．①王… Ⅲ．①良渚文化—古城遗址
（考古）—研究 Ⅳ．①K878.34

中国版本图书馆CIP数据核字（2019）第111985号

何以良渚

王宁远 著

出 品 人	鲁东明
策 划 人	陈丽霞
丛书统筹	徐 婵 卢 川
责任编辑	卢 川
责任校对	吴美红 丁佳雯
装帧设计	程 晨
排 版	杭州林智广告有限公司
出版发行	浙江大学出版社
	（杭州市天目山路148号 邮政编码 310007）
	（网址：http://www.zjupress.com）
印 刷	浙江省邮电印刷股份有限公司
开 本	880mm×1230mm 1/32
印 张	6.5
字 数	122千
版 印 次	2019年7月第1版 2024年1月第6次印刷
书 号	ISBN 978-7-308-19217-0
定 价	58.00元

良渚与中华五千年文明

刘　斌

时间与空间真是奇妙的组合，当我们仰望星空，看到浩瀚的宇宙，那些一闪一闪的星星，仿佛恒久不变地镶嵌在天幕中。然而，现代科学告诉我们，光年是距离单位，宇宙深处星星点点射向我们的光线，来自遥远的过去。原来，时空的穿越，不过是俯仰之间。

考古，同样是这种俯仰之间的学问，由我们亲手开启的时光之门，将我们带回人类历史中每一个不同的瞬间。而距今 5000 年，就是一个特殊的时间点。

放眼世界，5000 年前是个文明诞生的大时代。世界上的几大流域，不约而同地孕育出早期文明，比如尼罗河流域的古埃及文明、两河流域的苏美尔文明、印度河流域的哈拉帕文明。那么，5000 年前的中华文明在哪里？这个问题困扰学界甚久。按照国际上通行的文明标准，城市、文字、青铜器……我们逐一比对，中国的古代文明似乎到出现了甲骨文的商代为止，便再难往前追溯了。

考古学上，我们把文字之前的历史称为"史前"。在中国的史前时代，距今1万年以来，在辽阔版图的不同地理单元中，就开始演绎出各具特色的文化序列。考古学上形象地称之为"满天星斗"。然而，中国的史前时代长久以来被低估了。一直以来，我们都是以夏商为文明探源的出发点，以黄河文明作为中华文明的核心，无形中降低了周围地区那些高规格遗迹遗物的历史地位，比如辽西的红山文化、江汉地区的石家河文化、太湖流域的良渚文化、晋南的陶寺文化、陕北的石峁遗址……随着探源脚步的迈进，我们才渐渐发现，"满天星斗"的文化中，有一些已然闪现出文明的火花。"良渚"就是其中一个特殊的个案。

大约在5300年前的长江下游地区，突然出现了一个尚玉的考古学文化——良渚文化。尽管在它之前，玉器就已广受尊崇，但在此时却达到空前的繁荣。与以往人们喜爱的装饰玉器不同，良渚人的玉器可不仅仅是美观的需要。这些玉器以玉琮为代表，并与钺、璜、璧、冠状饰、三叉形器、牌饰、锥形器、管等组成了玉礼器系统，或象征身份，或象征权力，或象征财富。那些至高无上的人被埋葬在土筑的高台上，配享的玉器种类一应俱全，显示出死者生前无限的尊贵。礼玉上常见刻绘有"神徽"形象，用以表达良渚人的统一信仰。这些玉器的拥有者是良渚的统治阶级，他们相信自己是神的化身，行使着神的旨意，随葬的玉器种类和数量显示出他们不同的等级和职责范围。我们在杭州余杭的反山、瑶山，常州武进的寺墩，江阴的高城墩，上海的福泉山等遗址中，都发现了极高等级的墓群。这就似乎将良渚文化的分布范围分割成不同的统治中心，呈现出小邦林立的局面。然而，历史偏偏给了余杭一个机会，在反山遗址的周围，越来越多的良渚文化遗址被发现，这种集中分布的遗址群落受到了良好的保护，使得考古工作得以在这片土地上稳步开展。到今天再来回望，这为良渚文明的确立提供了必要的前提。否则，谁会想到零星发现的遗址点，竟然是良渚古城这一王国之都的不同组成部分。

今天，在我们眼前所呈现的，是一个有 8 个故宫那么大的良渚古城（6.3 平方公里）。它有皇城、内城、外城三重结构，有宫殿与王陵，有城墙与护城河，有城内的水路交通体系，有城外的水利系统，作为国都，其规格已绰绰有余。除了文字和青铜器，良渚文化在各个方面均已达到国家文明的要求。其实，只要打开思路，我们会发现，通行的文明标准不应成为判断一个文化是否进入文明社会的生硬公式。青铜器在文明社会中承载的礼制规范的意义，在良渚文化中是体现在玉器上的。文字是记录语言、传承思想文化的工具，在良渚文化中，虽然尚未发现文字系统，但那些镌刻在玉礼器上的标识，也极大程度地统一着人们的思想，而大型建筑工事所反映出的良渚社会超强的组织管理能力，也透露出当时一定存在着某种与文字相当的信息传递方式。因此，良渚古城的发现，使良渚文明的确立一锤定音。

如今，良渚考古已经走过了 80 多个年头。从 1936 年施昕更先生第一次发现良渚的黑皮陶和石质工具开始，到今天我们将其定义成中国古代第一个进入早期国家的区域文明；从 1959 年夏鼐先生提出"良渚文化"的命名，学界逐渐开始了解这一文化的种种个性特点，到今天我们对良渚文明进行多领域、全方位的考古学研究与阐释，良渚的国家形态愈发丰满起来。这一系列丛书，主要是由浙江省文物考古研究所致力于良渚考古的中青年学者，围绕近年来杭州市余杭区瓶窑镇良渚古城遗址的考古发现与研究，集体编纂而成，内含极其庞大的信息量。其中，包含有公众希望了解的良渚古城遗址的方方面面、良渚考古的历程、良渚时期古环境与动植物信息、代表了良渚文明最高等级墓地的反山王陵、为人们津津乐道的良渚高等级玉器、供应日常所需林林总总的良渚陶器……还有专门将良渚置于世界文明古国之林的中外文明比对，以及从媒体人角度看待良渚的妙趣横生的系列报道汇编。相信这套丛书会激起读者对良渚文明的兴趣，从而启发更多的人探索我们的历史。

可能很多人不禁要问：良渚文明和中华文明是什么样的关系？因为在近现代历史的观念里，我们是华夏儿女，我们不知道有一个"良渚"。其实，这不难理解。我们观念里的文明，是夏商以降、周秦汉唐传续至今的，在黄河流域建立政权的国家文明，是大一统的中华文明。考古学界启动"中华文明探源工程"，为的就是了解最初的文明是怎样的形态。因此，我们不该对最初的文明社会有过多的预设。在距今5000年的节点上，我们发现了良渚文明是一种区域性的文明。由此推及其他的区域，辽西可能存在红山文明，长江中游可能存在石家河文明，只是因为考古发现的局限，我们还不能确定这些文明形态是否真实。良渚文明在距今4300年后渐渐没落了，但文明的因素却随着良渚玉器得到了有序的传承，影响力遍及九州。由此可见，区域性的文明实际上有全局性的影响力。

人类的迁徙、交往，从旧石器时代开始从未间断。不同规模、不同程度、不同形式的人口流动，造成了文化与文化间的碰撞、交流与融合。区域性的文明也是一个动态的过程。目前来看，良渚文明是我们所能确证的中国最早文明，在这之后的 1000 多年，陶寺、石峁、二里头的相继繁荣，使得区域文明的重心不断地发生变化。在这个持续的过程中，礼制规范、等级社会模式、城市架构等文明因素不断地传承、交汇，直至夏商。其实，夏商两支文化也是不同地区各自演进发展所至，夏商的更替，其实也是两个区域性文明的轮流坐庄，只是此时的区域遍及更大的范围，此时的文明正在逐鹿中原。真正大一统的中央集权国家，要从秦朝算起。这样看来，从良渚到商周，正是中华文明从区域性文明向大一统逐步汇聚的一个连续不断的过程，万万不可将之割裂。

2019 年 5 月于良渚

前言 Foreword

近年来，"良渚"成为一个热词。各类媒体对良渚古城和良渚文化的介绍宣传甚多。这些介绍多集中于考古发现的过程、呈现的迹象及其性质判读，即"果"的介绍；而本书主要旨趣在于"因"的解析：试图厘清良渚文化出现的背景，并在此基础上对良渚基层聚落、中等聚落和良渚古城的形态、结构及其背后的社会组织结构，以及意识形态中以玉器为载体反映的信仰和权力机制进行分析，尝试去掉枝蔓，沿最清晰的逻辑主干叙述良渚社会的面貌和结构框架。

故名"何以良渚"。

目录 Contents

How Had Been Liangzhu

何以良渚

第一章　何谓良渚

凡称良渚者，除了地名的本义之外，在考古学的话语体系中，还涉及"良渚遗址""良渚文化""良渚遗址群""良渚古城""良渚古国""良渚文明"等诸多概念，公众很容易混淆。因此在开始讨论之前，我们要做点简要的解释。

何谓良渚遗址

良渚遗址属于考古遗址。

考古遗址是指古代人类活动的遗迹，既包括人类为不同用途所营建的建筑群体，也包括人类对自然环境利用和加工而遗留的场所。每个遗址都有明确的空间范围。考古遗址一般以发现地的小地点，比如村名来命名，如西安半坡遗址、偃师二里头遗址等。

而良渚遗址比较特殊，施昕更在 1938 年编写的第一本考古报告《良渚：杭县第二区黑陶文化遗址初步报告》中记录了包括棋盘坟、近山、长明桥等 12 个遗址，遗址分布多在良渚镇、瓶窑镇等范围内，因此用了"良渚"来命名。所以，良渚遗址一开始就不算单个遗址的名字，而是区域内若干遗址的统称。

何谓良渚文化

良渚文化属于考古学文化。文化一词，一般是指人类社会在科学、技术、艺术、教育、精神生活以及其他方面所达到的总成就。但考古学中所讲的文化，有其特定的含义，它专门指考古发现中属于同一时代、分布于特定地区并且具有共同特征的一群遗存。例如在考古工作中，发现某几种特定类型的器物经常在一定地区的某一类型的居址或墓葬中共同出土，这样一群有着特定组合关系的遗存，即可以称为一种文化。考古学文化一般以首次发现的典型遗址所在的地名来命名。

良渚遗址发现于 1936 年，但是当时认为它属于山东龙山文化向南传播的范畴，所以没有单独给予考古学文化命名。其后几十年间，除了良渚地区外，在上海市、江苏省等地也发现了很多具有类似文化面貌的遗址。随着认识的提高，1959 年夏鼐先生指认出这一类遗存文化面貌独特，应该从山东龙山文化中分列出来单独命名。因为施昕更先生的最早发掘地在良渚，故学界共识将这种文化命名为良渚文化。

良渚文化是指距今 5300 ~ 4300 年，分布在我国长江三角洲太湖平原地区，以发达的稻作农业为基础，有精美的琮、璧、钺等成组玉器，使用鼎、豆、罐、壶的一种新石器时代晚期文化。考古学文化这个概念，用来指同一时期中不同类型的遗存，也指同一地区时代有先后的、不同类型的遗存。每一个考古学文化都有特定的时空范围，在相同的时间内，不同地区有不同的文化分布，如和良渚文化同时期，海岱地区有大汶口文化、长江中游有屈家岭文化等。在良渚文化分布的太湖流域，之前有距今 7000 ~ 6000 年的马家浜文化和距今 5900 ~ 5400 年的崧泽文化，之后是钱山漾文化和广富林文化，它们和良渚文化有源流关系，但是基本的文化面貌差异较大，所以被归为不同的文化。它们和良渚文化共同构成了本地区考古学文化的谱系。

良渚文化的分布中心区域为太湖周边。目前已发现的良渚文化遗址分布范围，大体是西到湖州，南到钱塘江，东到上海，北到宁镇地区东缘的丹阳一带。[①] 所以，良渚文化遗址包括了整个太湖流域苏南、浙北、上海的很多遗址点，如上海青浦福泉山遗址、江苏武进寺墩遗址、浙江嘉兴双桥遗址等。最近在长江以北江苏蒋庄遗址和浙江省钱塘江南岸的小青龙等遗址也发现了良渚文化遗址，所以它的分布范围又有所扩大。原来统计良渚文化遗址总数有 600 多处，其中良渚

----

① 朔知：《良渚文化的范围——兼论考古学文化共同体》，《南方文物》，1998年第 2 期。

遗址（群）就包涵了 135 处。现在通过勘探调查，估计遗址总数接近 1000 处。

因此，良渚文化遗址是个大概念，良渚遗址是其中的一部分。

何谓良渚遗址群

在整个良渚文化区内，遗址空间分布的密度不同。从良渚文化遗址分布平面图（图 1 - 1）上看，在若干区域内遗址数量较多、呈集群状密集分布，且有高规格中心聚落。而各区域之间往往是水域河道等，遗址分布较少，或基本为空白区。学术界将这种区块状集中分布的遗址称为遗址群[①]或聚落群[②]。根据分布情况，可将太湖周边的良渚

① 王明达：《"良渚"遗址群概述》，余杭县文管会：《良渚文化》（余杭文史资料第三辑），1987年；王明达《良渚遗址群田野考古概述》，《文明的曙光——良渚文化》，浙江人民出版社，1996 年。

② 丁品：《良渚文化聚落群初论》，西安半坡博物馆、良渚博物馆编《史前研究（2004）》，中国博物馆学会史前遗址博物馆专业委员会第五届学术研讨会暨西安半坡遗址发掘五十周年纪念文集，三秦出版社，2005 年；浙江省文物考古研究所、桐乡市文物管理委员会：《新地里》，文物出版社，2006 年。

长

太湖

良渚古城

钱

图 1-1 良渚遗址分布

文化遗址分成几个区块：太湖以南的良渚—瓶窑区及临平区、太湖东南的嘉兴地区、太湖东部的苏南—沪西地区、太湖西北长江以南的江阴—武进地区、太湖西岸的湖州—宜兴地区。

这些区块中，以对良渚—瓶窑区块的研究最为深入。

1936 年施昕更发现 12 个遗址，之后几十年中，良渚—瓶窑区域内又发现了更多遗址点，1985 年时统计的遗址点总数接近 50 处。1986 年王明达先生就注意到这个区域内遗址分布特别密集的现象，认为这些遗址间关系特别密切，由此提出了良渚遗址群的概念。因此，良渚遗址和良渚遗址群基本是一个意思，遗址群的边界基于各遗址点空间分布总范围而划定，并随着新遗址点的发现不断扩大。1990年代良渚遗址群的大致范围是西至吴家埠，东至羊尾巴山到良渚镇一线，北至大遮山南麓，南至小运河南岸，面积 33.8 平方千米。到 2002 年时，遗址点总数为 135 处，其后划定的良渚遗址群保护范围，西侧拓展到塘山西端的毛元岭，南侧拓展到新 104 国道，总面积 42平方千米（图 1－2）。

最近十几年来，随着外围水利系统的发现，考古学家发现良渚遗址群的边界又在向西拓展，总面积达 100 平方千米，遗址总数达 300余处；2006—2007 年，考古学界确认了良渚古城城墙位置；2009

年，确认了良渚古城外郭的存在。因此，学界认识到良渚遗址群实际上就是良渚古城、外围水利系统以及郊区各类遗存的总和（图1-3）。良渚遗址研究，逐步淡化了比较模糊的良渚遗址群概念，转向以结构框架和功能研究为主的都邑考古新阶段。

何谓良渚古城

良渚古城位于良渚遗址群中心所在的余杭区瓶窑镇（图1-4）。良渚古城的主体城市结构可分三重：最中心为莫角山、皇坟山宫殿区以及反山王陵等构成的宫城区，其外分别为城墙和外郭所环绕，内城面积为290万平方米，外郭围护的面积为630万平方米。堆筑高度也由内而外逐次降低，显示出明显的等级差异，形成类似后世都城的宫城、王城、外郭的三重结构体系（图1-5）。这是中国最早的三重城市格局，具有重要的开创意义。同时古城北部和西北部还分布着规模宏大的水利系统和与天文观象测年有关的瑶山、汇观山祭坛。这些重要结构以及周边众多的小遗址形成的近郊和远郊，共同构成了良渚古城完整的城市结构体系。

良渚古城的发现令考古学界不仅对以往在良渚—瓶窑区块发现的

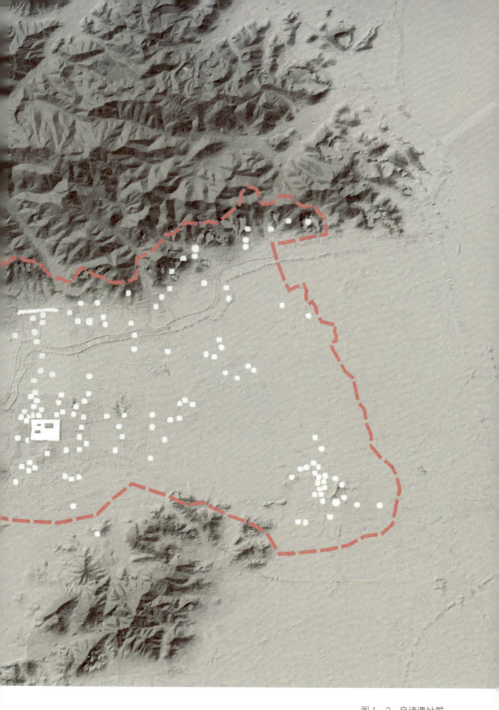

图1-2 良渚遗址群

水利系统

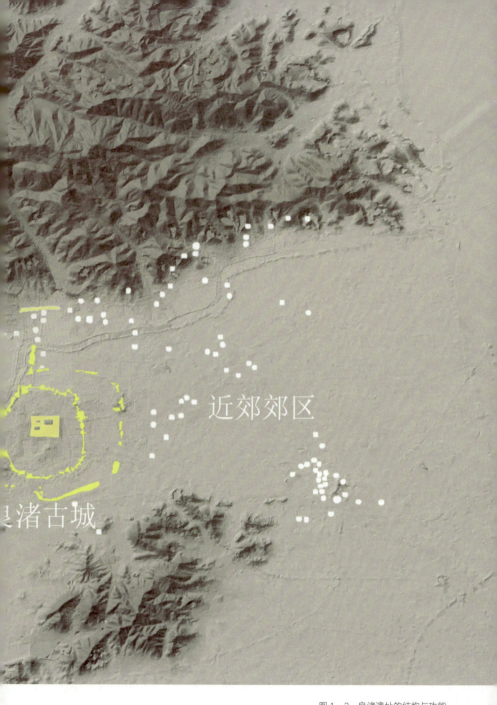

近郊郊区

良渚古城

图1-3 良渚遗址的结构与功能

良渚遗址

图 1-4　良渚遗址和 C 形盆地

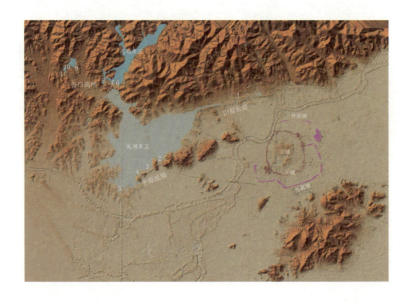

图 1-5　良渚古城及其水利系统结构

各处遗址的空间关系有了客观确凿的解释依据，对于良渚文化所达到的文明高度也有了全新的评价。严文明先生将之称为良渚文化的"首都"[①]。良渚古城是良渚文化的核心。

---

① 严文明：《良渚随笔》，《文物》，1996 年第 3 期。

何谓良渚古国

对于良渚文化时期的社会组织结构，有学者提出"都—邑—聚"的观点。将整个良渚文化区视为一个统一的政治实体，将前述不同的区块视为其不同级别的结构组织。将良渚遗址群视为该古国的"都"，其他区域中心则被视为次级组织——"邑"，围绕着都和邑分布的大量小遗址点就是基层聚落"聚"，从而形成金字塔型的聚落等级模式。

另一类观点将每个区块（或更小一级区块）视作同时并立的古国，从而形成"万国林立"的格局认识。在每个区块内，同样存在金字塔型的聚落分化，各有高等聚落作为该群聚落的统领；各区间中心聚落规模的差异，被视为各早期国家实力差异的表现。这样，福泉山、赵陵山等聚落就被视为区域中心，与莫角山良渚古城同样具备"都"的性质，只不过实力较逊。良渚古城到底是覆盖太湖流域的一个大国的都城，还是良渚文化圈中若干个早期国家中一个国家的都城，现在我们还无法下定论（图1-6）。

在良渚古城确认后，我们改变了单纯从已发现遗址点分布和彼此关系的角度来观察，开始从山川地势等空间景观的更宏观视角考察良渚遗址背后的这个古国都城。尽管我们现在无法确认这一古国的范

图 1-6 良渚文化主要遗址点的分区与社会等级（中华人民共和国国家文物局供图）

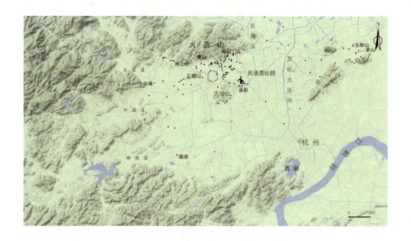

图 1-7　良渚古城与 C 形盆地

围，但是我们发现从自然地理的角度，杭州周边的 C 形盆地 1000 平
方千米的范围内，北、西、南三面环山：东侧临平到嘉兴之间在良渚
时代（距今 5300 ~ 4300 年）有条大河间隔，形成一个相对独立的
地理单元（图 1-7）；北侧是良渚遗址群和临平遗址群；南侧区域目
前知道有 10 余处良渚遗址分布。故而似乎可以暂时将这一范围界定
为一个较小的"国"。

何谓良渚文明

"良渚文明"是对良渚文化社会发展水平的一种评价和定性。

1968 年，英国剑桥大学的格林·丹尼尔在《最初的文明》一书中，引用了克拉克洪在 1958 年提出的文明三大标准：一是城市（居民数量在 5000 人以上）；二是文字；三是复杂的礼仪性建筑。由于古代遗留的信息很少，三大标准只要具备两条就够了，而在两条里面，文字是不可或缺的，有了文字再有其他的一种，这种社会就可以认为是文明社会了。这个标准传到东方后，又被加上一条：冶金术的发明和使用——这就与之前的三大标准一起成了国内通行的文明社会四大标准。[①] 以这个标准来衡量，良渚已经有都城级别的城市，有远超日常生活需要的莫角山、反山、瑶山等大型礼仪性建筑，符合第一和第三条。文字方面，良渚目前发现了 600 多个符号，其中有多个符号有序组合的现象，这可能和原始文字相关。但因为发现的符号大部分出土在基层聚落，没有在莫角山等处发现类似殷墟小屯那样的王家文字档案材料，所以学界现在对良渚文化的真实文字水平的认识很不全面，

---

① 李学勤：《辉煌的中华早期文明》，光明网。

只能说可能已经出现原始文字。而良渚迄今没有发现任何金属冶炼的痕迹。

但是上述文明社会标准本质上是从当时已知的几大文明中提取出来的共性因素。随着新的文明社会的案例的增加，这种公因子只会越来越少。比如国际公认印加文化已进入文明阶段，但该文化却只有结绳记事、没有文字。如果审视格林·丹尼尔的更多相关表述，他在这一问题上的观点已经表现出较大的灵活性。所以这一标准可以也应该随着新的发现不断修正。在 2018 年"中华文明探源工程"的总结中，中国考古学家新归纳出了中国文明的四大特征：农业和手工业的发展基础；社会阶层、社会成员明显分化的现象出现；中心性城市的出现；大型建筑的修建。这就与西方学术界此前提出的界定文明的标准有所不同。北京大学考古文博学院教授赵辉认为，它们符合并反映了中国历史的特点，这四条标准剔除了传统标准中的文字和青铜冶金技术两条，"恰好是表达了人类历史的发展有其普遍性的一面，也有特殊性的一面——是我们对中国文明的研究中发现与总结的一些不同于其他文明的地方"[1]。我们认为这一新标准是符合中国文明发展实际的。

---

[1] 搜狐网：http://www.sohu.com/a/233205697_100017627。

佛教中有个"指月"的典故。无尽藏尼对六祖慧能说："你连字都不识，怎谈得上解释经典呢？"慧能回答："真理是与文字无关的，真理好像天上的明月，而文字只是指月的手指，手指可指出明月所在，但手指并不是明月。"这些标准就是指向月亮的手指，文明的本意才是那轮明月。在文明研究中，无视各文明的具体特殊性，仅仅生搬硬套既有标准，就是不看月亮，却盯着人家的手指头枉费思量。那么文明这轮明月在哪里呢？恩格斯说：国家，是文明社会的总括。只要证明良渚社会已进入国家阶段，那它就毫无疑问已经是文明社会了。

良渚八十年的考古努力，成果从遗址点到遗址群，从王陵大墓到城墙，从古城到外郭，再到十几千米之外的水利系统工程，从石、玉资源到加工作坊，以及周围的支撑聚落与稻作遗迹，一环一环地揭示了一个曾经辉煌的文明之真面目。正如有学者指出的那样，"这里我们已经不需要再争论它的身份，考古学的发现与研究就已经充分地进行了证明"①。

良渚考古工作的持续发现也使国际学术界对中国早期文明形成了新认识。英国剑桥大学科林·伦福儒勋爵指出，良渚是东亚最早的国

① 陈胜前：《为什么夏是一个问题》，《读书》，2019 年第 2 期。

家社会，它将中国国家社会的历史上推了 1000 年，处在和古埃及和
美索不达米亚文明几乎相同的时间。

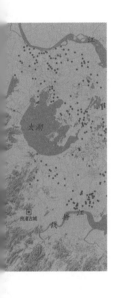

How Had Been Liangzhu

何以良渚

第二章　良渚文化的形成背景和动因

关键词：

5500aB.P.（aB.P. 为绝对年代简写，指以 1950 年为起点的放射性年代，5500aB.P. 是公元前 3550 年）气候事件

稻作农业

移民堆墩

进入文明阶段的良渚社会，它形成的动因为何？

它的社会样貌如何？

良渚文化是建立在稻作农业基础之上的文明形态，它的出现与气候变化及长江三角洲地区的环境变迁密切相关。

一　5500aB.P 气候事件与经济模式的革命

　　良渚文化的分布区域是长江三角洲的太湖平原，在自然地理上这一地区被称为江南。提起江南，中国人眼前会浮现出一幅烟雨朦胧、小桥流水的如诗画面。但是在中国人的心目中，"江南"并不仅仅只是个地理概念，还是个人文概念，是中国传统观念中富裕美好生活的标杆，以至于赞美其他地区时，常用"塞北江南""西藏江南"等词语来形容。

　　实际上，太湖流域地貌环境在几万年来经历了很大的变化，今天的江南地貌出现得很晚。

　　晚更新世末期，长江三角洲以太湖为中心的地区，是一个略有起伏的丘状台地。此时气候寒冷，除了古河谷以外的大部分地区都被一层暗绿色或黄褐色的黏土层所覆盖。晚更新世末的最后一次冰期引起全球性的海退，距今 1.5 万年前海岸线退至现在东海大陆架水深 155 米处，江南地区那时的环境特征类似高寒草甸——缺水、寒冷且土地贫瘠，还不适于人类居住。全新世后，全球气候开始转暖，海平面迅速上升。7000aB.P. 左右是海平面上升速率由快变慢的一个转折点。本区的环境发展由此进入到对海平面变化高度敏感的阶段。高海平面造成河流比降较低，河口区沉积速度远远超过了海平面上升的速度，长江携带而来的大量泥沙在河口堆积，导致长江三角洲地区在前期的硬质黏土层上覆盖了一层 2 ~ 5 米厚的细颗粒沉积物。该层土壤中含有大量有机质（占比大于 0.5%），有利于植被的发育。太湖平原的形成为人类活动提供了广阔的舞台——距今 7000 年后，太湖流域开始出现人类活动。

从自然地理的角度上来说，江南的核心——太湖流域，其形成至今，并不是一个自然环境优越的地区，反而和吐鲁番盆地并称为中国环境最脆弱的两个地区。因为太湖地区东临大海、地势低平，是个碟形洼地，海拔仅 2 ~ 4 米，是一个对海平面变化高敏感区域，直至今日还常常发生水灾。而史前时期，太湖平原滨海地区由于没有海塘设施，常受到海平面变化和钱塘江潮汐的直接影响。本区还属于季风区，年内不同季节降水很不平衡，常常受到旱灾的影响。有着这么一个脆弱环境的地区，却能汇集大量人口，创造辉煌的史前文化，同时在历史时期发展为国家的粮仓，获得"苏湖熟，天下足"的美誉，成为我国人地关系最和谐，最有开创精神和活力的地区，其原因可以追溯至 5500aB.P. 的一次气候突变。

我们常说，气候改变历史。在生产力水平低下的原始时代，更是如此。

　　对古气候的研究表明，全新世的早中期全球气候总体比较暖湿。但是全新世气候并不稳定，不断发生冷干气候事件，其中主要有 4 次全球性的气温突变，其降温幅度的峰值时点分别落在 12000 aB.P.、8200 aB.P.、5500aB.P.、4200aB.P. 等。这些事件往往发生得比较突然，持续时间达几十年到若干世纪，气温变化幅度大。由于当时的社会生产力水平较低，这些突发性的大幅度气温变化事件对早期人类活动及其文化产生了重要的影响，甚至改变了人类社会发展的方向。

　　智人在 20 万年前出现，绝大多数时间都过着采集和狩猎的生活。但是在 12000 年前新仙女木事件爆发之后，一些地区的气候变得异常干燥而寒冷，使得环境的承载能力大大减弱。智人被逼无奈因此走上了农业生产的道路，人类开始进入农业革命时期。但是这并不意味着栽培农业对采集经济的代替。对距今 10000 年左右的浙江上山文化的研究表明，早期的稻作农业虽然已经出现，但其只是一个权重很小的经济部门——只在陶胎中发现几粒稻谷——经济主体仍为采集和狩猎。8200aB.P. 前后的降温事件被称为"全球寒冷（Global Chill）事件"：非洲的降温幅度达 7 ~ 8℃；在中东地区表现为持续 200 年左右的干旱，它直接导致了黎凡特和美索不达米亚北部地区的居民放弃了农业定居生活。[1] 这次降温事件之后，全球开始进入全新世气候最佳适宜期。就太湖平原这一小区域而言，因为此地几乎没有发现迄今 7000 年前的新石器遗址，因此前两次气候事件对其的影响尚无从了解。

本区距今 7000 ~ 6000 年之际属于大西洋气候期，即全新世气候最佳适宜期，孢粉反映为湿热的中亚热带气候环境，年平均温度比现在高 2 ~ 3℃。气候与环境的好转为人类生活提供了条件。考古证实，距今 7000 年的马家浜文化的先民在太湖平原较高爽的地区出现。之后的崧泽文化早期，人类生活环境与马家浜文化时期基本类似，整个长江三角洲地区仍以平原沼泽地形为主，兼有较大面积的水域，如杭嘉湖平原的局部地区曾经是潟湖沼泽或浅水海湾，不太适合人类居住。此时本区的文化遗址数量少，空间分布分散，与马家浜文化重叠的遗址多。[2]

这期间，采集狩猎是主要的生业模式，稻作农业较早期有进一步

① 吴文祥、葛全胜：《全新世气候事件及其对古文化发展的影响》，《华夏考古》2005 年第 3 期。
② 高蒙河：《长江下游文明化初期的人地关系——多学科交叉的实践与探索》，《复旦学报（社会科学版）》2005 年第 2 期。

发展，但是仍然是一种辅助的生业部门。中日学者合作对余姚市田螺山河姆渡文化遗址的植物遗存进行了取样分析，其结果显示：采集的橡子、菱角等的个体绝对数量远远大于稻米的数量。考虑到橡子、菱角等果实与稻谷体量之大小悬殊，如果统一换算成卡路里值，则稻米在人类食谱中的比重更小。太湖地区马家浜—崧泽早期阶段的经济模式与河姆渡文化时期类似。所以马家浜—崧泽早期的社会经济应该属于初期开发模式，即以狩猎采集为主、农业为辅。这一模式几千年来发展稳定。

而 5500 aB.P. 气候事件，彻底改变了这种情形。

这次降温事件是全球全新世最显著的气候变化事件之一，人类由此进入城市革命时代。

两河流域在 7500 ～ 5500aB.P. 期间气候湿润，海岸线向内陆扩展的距离长达 180 千米，南部冲积平原因地势较低而沼泽密布，不宜人居。先民主要居住在北部地势较高但较干燥的地区，这些地区固然可以维持一些村落的生活，却不易形成比较大的文明区。5500 aB.P. 前后，两河流域气候开始向干旱方向转化。这时南半部的沼泽地开始变干，成为肥沃的土地，前期生活在其他高地的分散人口大量向这里移民，导致这些地区人口压力增加。汇集的人口组成一个个有机的、相互依赖的整体，逐渐形成有城市规模的聚落。增加的人口为灌溉系统的建立提供了丰富的劳力，大约在公元前 3000 年初的几个世纪，当时人们开始有组织地修建水利工程，使大片的土地变成农田。随着人口压力的增加，规模较大的村落和城市开始建立和发展，人们修建神庙、城墙等大型公共建筑，文字出现，文明社会由此形成。①

类似的变化也发生在非洲。干冷气候使非洲发生"撒哈拉干旱"，导致沙漠中的绿洲重新沙化，湖泊面积缩小或干涸，这使一直以来在撒哈拉中部和南部湖边定居生活的人群被非定居的游牧民族所代替，也促使生活在撒哈拉沙漠中的牧民迁徙至尼罗河河谷或三角洲平原。另外，上埃及的人开始向北扩张到下埃及，并向下埃及殖民。从不同地区向尼罗河河谷或三角洲地带迁徙的人口导致了这一地区的人口压力倍增。为了这一问题，人们开始人工灌溉，进行技术革新，农业产量开始提升，剩余财富增加，促进了手工业分工、私有制确立、阶级形成、原始文字出现，开始形成国家。

---

① 吴文祥、刘东生：《5500aB.P. 气候事件在三大文明古国古文明和古文化演化中的作用》，《地学前缘》2002 年 3 月第 9 卷第 1 期。

　　在中国，该降温事件被称为仰韶中期寒冷期[1]，该事件导致了黄河中上游地区早期人类的遗址数量减少，人类由高阶地向低阶地方向迁移。虽然上述各区域距离遥远，在这次气候事件中人类的反应却有着很多共性：人类背井离乡，由高处向低处移动，经济模式随之由采集狩猎为主，转向作物栽培为主。

　　它对太湖流域的人类活动造成的影响也如出一辙。它引发了经济模式、居住模式、宗教模式、社会组织模式的全方位的革命性变化。良渚文化兴起，人们创造了良渚古城，绽放出灿烂的文明之光。与上述其他地区以大麦、小麦或者黍粟种植为主的旱作农业相比，太湖流域发展的是湿地稻作农业，这里的人民创造了世界最早的稻作文明模式。

　　5500aB.P. 气候事件导致本区原有的动植物资源变得匮乏，不足以维持日益扩大的人口规模。动物考古学显示，崧泽文化晚期到良渚文化时期，人们的肉食来源从以麋鹿、獐等野生动物为主转变为以家

---

① 吕厚远:《新石器以来北温带草原文化与气候变迁》,《文物保护与考古科学》,1991 年 3 月第 2 期; 吴文祥、葛全胜:《全新世气候事件及其对古文化的影响》,《华夏考古》2005 年第 3 期。

养的猪等动物为主。这种饮食结构的变化，实际上暗示了自然资源已经无法满足人们日常生活的需要。[①] 为应对这种变化，在崧泽文化晚期开始，人们以改变经济生活模式来适应新的外部环境，这种改变主要是稻作农业替代了渔猎采集成为经济支柱。人类也相应地由山间谷地向平原地区扩散和迁徙，开创了江南水乡生活的全新模式。

稻作农业在此前已有漫长的发展历程，在本地区前期文化中有悠久的传统。如上山遗址中就发现了距今近万年的栽培稻痕迹。但在此前的发展阶段中，稻米并非人类的主食，所以人类经济活动并不以稻谷的产量增长作为主要诉求，稻作生产处于一种缓慢发展的粗放式经营阶段。当 5500aB.P. 气候事件发生后，原来人们赖以生存的生业模式忽然不敷所需，人们亟需一种替代的主口粮。稻米相比大、小麦和黍粟，营养成分更全面，且相对于采集的橡子和菱角等，更利于长时间存储而保持营养和口感的稳定。同时，这期间本区的水热条件适宜于稻作生产。因此，具有悠久驯化栽培历史的稻米自然成为最优选择。稻作农业成为主要经济部门时，稻作用地和单位面积产量就成为迫切的追求。于是，稻种选育、稻田形态建构维持、耕作技术等多种

---

① 陈杰：《长江三角洲新石器时代文化环境考古学考察纲要》，《中国社会科学院古代文明研究中心通讯》第 4 期。

农业技术和稻作工具设计制作能力也获得了迅速发展。

　　马家浜文化时期和崧泽文化早期阶段缺乏稻作农业的专用工具，主要的石器类型为斧、锛与凿等，石器数量也不多，可能主要用于砍伐和加工木器，兼能从事一些农耕。一般来说，功能专一的器物只有当其使用频率变得非常高时才会出现。相对于完善和类型丰富的渔猎和木作工具，崧泽文化晚期之前，稻作专用工具的缺乏显示水稻种植在经济活动中的权重较小。而从崧泽文化晚期开始，出现了石犁和耘田器等专门的农耕工具。良渚文化时期，农业生产工具的数量和品种进一步增多，形态呈现多样性，还出现了石镰等功能确凿的新器型。良渚文化时期的石犁不仅数量多、种类全，且有的器型极其硕大。石犁的使用，一方面说明土地的利用开始趋于精耕细作，以提高稻谷的产量；另一方面，石犁是一种连续的翻土工具，一般用于大面积的耕耘，可以提高生产效率并需要协作。在良渚墓葬中，石镰、石犁等农业生产工具与鼎、豆、罐等日常生活用器共同成为制度化的随葬品，这暗示农业已成为主要的生产部门。

　　在马家浜文化时期和崧泽文化时期，稻谷的形态仍不稳定。绰墩遗址的炭化稻米粒型偏小，与野生稻米相差无几，形状差异较大，有长粒型、椭圆型及中间型等多种类型。可推测此时的稻被人类栽培的时间不长，属原始栽培的稻，尚处由野生稻向栽培稻进化的过渡阶段。[1] 这说明在此时人类对水稻的产量尚无迫切追求，所以对选种的干预较少。到崧泽文化晚期与良渚文化早期，情形发生了变化：水稻的颗粒开始增大，形态趋于稳定。这说明人类加大了选种、驯化和栽培的力度。澄湖遗址发现的炭化稻米粒型较绰墩遗址出土的炭化稻米大，这是人工长期栽培筛选的结果。总之，在新石器时代早中期的数千年里，水稻形态一直处于不稳定的状态，这显然是因为人类干预力度不够。但当稻米成为主食后，其形态很快就发生了变化。

但是因为崧泽文化早期的聚落继承了马家浜文化的分布特点，即都位于狭窄的山间谷地或者平原地区的山脚等位置。这种位置适合于开展集体经济模式下的采集狩猎活动。这一时期的稻作农业可能只是为了满足宴飨或者是应付过冬食物短缺之需，因此对稻作产量要求不高，谷地间和坡脚前的小块稻田估计就能满足需要。但当稻米成为主要口粮，改进生产技术、加强品种培育仍然无法满足需求的时候，扩大耕种面积势必成为另一条增加稻谷产量的途径。在生产力水平低下的史前时期，这是一种更为重要和普遍的方式。

....

[1] 汤陵华：《绰墩遗址的原始稻作遗存》，《绰墩山——绰墩遗址论文集》，《东南文化》2003 年增刊。

那么，去哪里开辟合适的新稻田呢？

人们把眼光投向了东部的太湖水网平原。

水稻的生物属性为喜水喜热。稻的生长对环境的要求可概括为：热量充足，水源充足，地形平坦，排灌便利，劳动力丰富。《淮南子·说山训》说："稻生于水。"西晋杨泉的《物理论》指出，稻为灌溉作物品种的总名。严文明指出，稻作农业需要有明确的田块和田埂，田块内地面必须保持水平，否则秧苗就会受旱或被淹。还必须有灌排设施，旱了有水浇灌，淹了可以排渍。[1] 同时，稻作是一种劳动密集型的农业活动，其精耕细作的生产方式要求必须有足够的劳动力保证。

太湖流域在这个阶段，气候及降水条件非常适宜于水稻生长。广富林、福泉山和马桥遗址的孢粉分析结果表明，崧泽—良渚文化过渡期、良渚文化早期，这一带的气候比较温暖湿润，湿生植物比例较

---

① 严文明：《农业发生与文明起源》，科学出版社，2000 年。

大，表现为藜蒿丛生的滨海湿地环境[①]：气温比现在略高，降水量大，为水稻的生长提供了优越的水热条件。

此阶段海平面情况也对稻作发展非常有利。距今 5000 年左右，原来较高的海平面基本下降到与今海面类似的高程。[②]从距今 10000 年来海平面的变化曲线看，在良渚文化早中期时，存在着一段时间的低海平面期，从而扩大了人类活动范围，为稻作农业的发展提供广阔的空间。

本区马家浜文化时期和崧泽文化早期的人类主要的居住地在山间谷地，平原的部分地区并不适合居住，因而杭嘉湖平原地区的人很少，仅居住在部分山脚坡地。而这时候，以太湖为中心的碟形洼地开始形成。因为海平面相对稳定，沉积物供应充足，本区东部形成数条

① 张玉兰、宋建、吕炳全：《广富林遗址考古新发现及先人生活环境探析》，《同济大学学报：自然科学版》2002 年 12 月第 30 卷第 12 期；封卫青：《福泉山考古遗址孢粉组合与先人活动环境分析》，《福泉山——新石器时代遗址发掘报告》，文物出版社，2001 年；洪雪晴：《马桥遗址的自然环境重建》，《马桥：1993—1997 年发掘报告》，上海书画出版社，2002 年。
② 王靖泰、汪品先：《中国东部晚更新世以来海面升降与气候变化的关系》，《地理学报》1980 年第 4 期。

贝壳砂堤，俗称"冈身"。在杭嘉湖平原南沿也有断续分布的岸外沙咀。因冈身和沙咀封堵了这一地区与海洋的联系，同时这一地区也无法得到长江等水系带来的丰富沉积物质，地面加积以径流为主，沉积速率低，所以厚度较浅，地势低洼。根据对钻孔沉积物特征的分析，5500 aB.P. 左右以太湖为中心的碟形洼地已经略见雏形了。碟形洼地形成后，由于冈身的隔绝和自身的沉积作用，一些原来不适于人类居住的地区逐渐发育为淡水湖沼环境，这为人类生存提供了更为广阔的活动区域，同时也解释了崧泽文化晚期遗址数量的增加。

综上，太湖平原的地势与水源易于形成合适的稻田。这里地势开阔平坦，地面沼泽和河流湖荡等水域密布，土质细腻松软易于开掘沟渠水井，只要稍加整治即可形成完善的田块和配套灌溉系统。因此，向平原进发，就成了 5500 年前人们必然的选择。

二　聚落的扩散和迁移

考古证据显示，江南地区在崧泽文化晚期开始曾发生大规模的人口移动和扩散：由高处向低处的平原移动。太湖平原上崧泽文化末期到良渚文化时期新增的遗址点，一部分是平原地区原有早期聚落的扩展分化，另一部分是西部山间谷地人群的内迁。

早期聚落扩散可以庙前遗址群为例。庙前、马家坟等遗址位于海拔 33 米的荀山东南部，早在马家浜文化时期已开始形成，并有崧泽文化堆积。这个区域近山处海拔约 3 米，向外逐渐过渡为海拔 2.5 米的低洼地，形成大约半米的落差。随着向良渚文化的过渡，围绕着荀山的遗址点逐步增多，形成密集分布的遗址群落。从遗址位置与年代分布看，良渚文化早期及以前的遗址均分布在扇形地带中心，地势较高，这些遗址中的一部分延续到良渚文化中晚期，而扇形地带外围发现的均为良渚文化中晚期遗址（图 2-1）。这就形象地反映了聚落选址摆脱了对高地的依赖，逐步向低地扩展的过程。

聚落迁移情形可以用西苕溪谷地的遗址分布情况加以说明（图 2-2）。

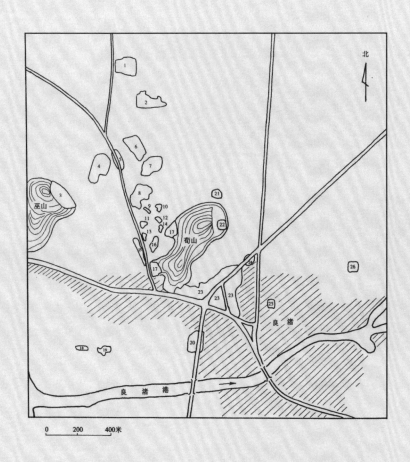

图 2-1　荀山周边庙前遗址分布

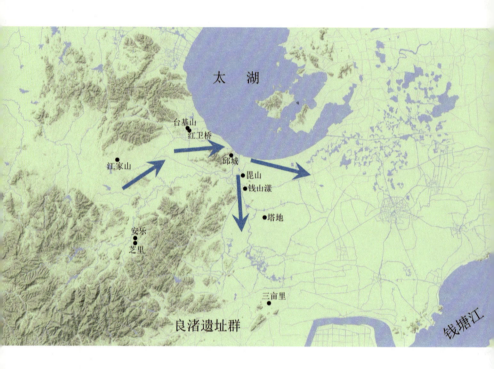

图 2-2　西苕溪谷地人群向太湖平原的移动方向

西苕溪谷地位于太湖西南边，为天目山系和宜溧山地夹持的狭长形山间谷地，北侧向太湖开放，是马家浜、崧泽文化遗址的重要分布地区，其中安吉安乐遗址、芝里遗址，长兴江家山遗址等已经过较大规模发掘。处于上游的安乐、芝里遗址地表海拔约 20 米，江家山遗址海拔约 8 米。安乐、芝里遗址间距不足 5 千米，两者都发现有从马家浜文化晚期开始到崧泽文化各时段的墓葬。安乐遗址发现的五六十座墓葬中，没有良渚文化墓葬；芝里遗址仅在一处墓地的北半部就发现马家浜—崧泽文化墓葬 200 余座，墓葬分布密集，可见当时聚落规模较大。而在其上部发现的良渚文化墓葬却仅两三座，甚至这几座墓葬还是安吉地区迄今唯一发现的良渚文化遗存，这一现象足以说明在良渚文化时期，这里曾发生过剧烈的人口迁移。江家山遗址发掘了 4000 平方米，也仅是墓地的一部分，共发现史前墓葬 340 座，其中马家浜文化晚期墓葬 46 座、崧泽文化墓葬 292 座，良渚文化墓葬也仅 2 座。该遗址的良渚堆积分布面积也较小，堆积较薄。江家山遗址周围 2000~3000 米的范围内，还发现了高村、埠头浜、赵帽墩等类似的遗址点。这说明自马家浜文化晚期形成的聚落，在崧泽文化时期极其繁荣，而在良渚文化阶段明显萧条，这应该是发生了聚落迁移的缘故。

江家山遗址崧泽文化中期地层发现的一件目前年代最早的分体

石犁，可为当时人口移动的原因提供线索。石犁的出现标志着稻作农业已进入犁耕阶段，也意味着稻田面积的加大。这种新型农具首先出现在这个地区是颇耐人寻味的。西苕溪是山溪性河流，其河谷地形狭长，可供稻作农业开发的空间很小，而崧泽文化时期该区域内人口规模甚大，可能是 5500aB.P. 气候事件带来的环境变化使原有的狩猎、采集经济方式无法满足人类需求，只能采取发展稻作农业的形式提供足够的食物。要提高稻作的产量，大致有几种途径：改良品种，改进工具及耕作技术，扩大种植面积，增加农业人口。而在当时的技术条件下，稻种的改良短期内难以取得立竿见影的效果，而这个区域宜耕面积的不足，使人口的优势反倒成为压力，促使这里加快耕作技术和工具的改良，以提高产量。而在史前时期，短期通过改良工具和耕作技术的方式增加稻米产量，其效果可能不会很显著。所以最后只有扩大耕种面积一条路，因此人们只能背井离乡，顺着苕溪向宜耕的太湖平原迁徙。

湖州毘山等遗址可能就与这种迁移密切相关。遗址最早的堆积是崧泽文化晚末期，恰与西苕溪谷地内人口迁出的时间相衔接。而遗址发现的男性墓葬内，普遍随葬有石犁和石镰、"耘田器"等新式稻作专用农具，并与日常生活的陶器构成固定的随葬品组合。另外，在湖州邱城遗址的同期墓葬中，也出现这几类器物。[①] 随葬品是死者生前日常生活形态的反映：一组锅碗瓢盆，一组劳动工具，是带往地下的必备品，因此可判断他们已经是典型的种植水稻的农民。可见当时太湖南部地区石犁、石镰等组合式的专用农具的使用已是普遍的现象。与此形成鲜明对比的是，除上海姚家圈遗址发现一件崧泽文化到良渚文化过渡阶段的石犁外，太湖东部平原地区该时期的墓葬和地层内，完全不见这些先进农具的影子。因此在崧泽文化末期良渚文化初期，太湖南部地区的稻作农业水平要高于太湖周边的其他地区。从西苕溪谷地和谷口的毘山、邱城等遗址的地理位置以及其文化时段和面貌，可以清晰地看出这种人类为适应稻作而迁移并改变身份的生动变化过程。从西苕溪谷口往南就是良渚遗址群，我们认为这个区域较高的生产力水平，与良渚遗址群在良渚文化早中期发展成为全区的中心，存在着必然联系。如果我们把视野放大一点，还能发现从崧泽文化末期开始到良渚文化阶段，太湖平原的碟形洼地非但汇集了本区的人口，还对周边文化区的人口产生了汇聚效应。从地貌的角度看：太湖流域东临大海；南部为山地，人口稀少；北部的淮河流域里下河地区的遗

① 浙江省文物管理委员会：《浙江省吴兴县邱城遗址 1957 年发掘报告初稿》，《浙江省文物考古研究所学刊（第七辑）》，杭州出版社，2005 年。

址到这一阶段忽然消失；西侧发达的凌家滩文化在这一阶段也忽然没了踪迹。这些显示出当时人口向太湖平原汇集的迹象。

在这种人口移动的大背景下，高端人群的跨区域移动及在太湖平原内的迁移，需要引起更大的关注。凌家滩作为崧泽时代文化发展的高峰，其玉文化的传统对良渚文化的发展影响极为深远。它和太湖地区的交流，应该有北侧长江沿岸的太湖北道和南侧通过西苕溪流域的太湖南道两条道路。目前在安吉安乐遗址发现了具有凌家滩风格的玉器，安徽地区也发现了具有特征性的浅盘假腹杯等遗物，这些显示太湖南道在当时的确存在东西交通的功能。但是从便捷性和距离看，经由太湖北道进入苏南应该是高端人群移动的主线，这些人带来的玉器加工技术和理念与北阴阳营的土著传统融合，使太湖以北的苏南文化获得极大发展。从整个崧泽文化晚末期到良渚文化早期，太湖南部嘉兴地区和良渚遗址群一带发展水平较差，但是到了良渚文化早期晚段和中期早段——距今 5000 年前左右，以良渚古城出现为代表，良渚地区一跃成为区域中心，原因应该和凌家滩—北阴阳营传统的这一支先进人群的南向迁入密切相关。这种高端人群在区域内部的移动动机，则可能不是基于稻米等直接生存物资的生产，而是与对玉这一资源的控制相关。

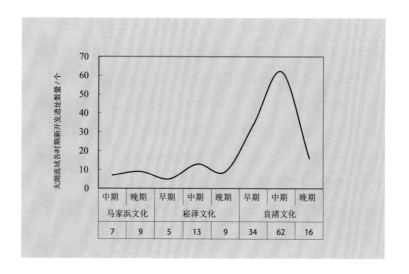

太湖流域各时期新开发遗址数量／个							
中期	晚期	早期	中期	晚期	早期	中期	晚期
马家浜文化		崧泽文化			良渚文化		
7	9	5	13	9	34	62	16

图 2-3　太湖流域各时期新开发遗址数量变化

　　正是由于太湖平原内部原有聚落的分裂扩散和外部的人群迁入，使崧泽文化末期、良渚文化早中期新的遗址数量呈爆发型增长，与等周边地区形成鲜明的翘板效应。据高蒙河统计：截至 2003 年，良渚遗址总数约 440 处[①]，可分期的 140 处：其中早期 56 处，中期 89 处，晚期 64 处（部份遗址跨期）。环太湖流域是当时人类活动的超高密度

①　本节数据主要来源于高蒙河《长江下游考古地理》一书，部分数据经过重新整合。

地区。据统计，太湖流域该时期的遗址数量是周边宁镇、皖中和里下河地区总数的两倍。从时间的维度观察，本地区前期的马家浜和崧泽文化的遗址总数分别只有 69 处和 57 处，所以良渚文化遗址数量与马家浜、崧泽文化相比，有了巨大的增长。这种遗址增长的趋势开始于崧泽文化中晚期，并在良渚文化中期达到高潮。图 2-3 为太湖流域各时期新开发遗址数量对照，从中可以看出良渚文化早中期新遗址数量剧增，而晚期开辟新遗址的做法出现了变异。据高蒙河的统计，太湖周边地区良渚文化晚期单一地点遗址数量成倍增加，这表明太湖流域文化正进一步向外扩散。

How Had Been Liangzhu

何以良渚

第三章　最早的江南

一　台墩聚落模式的形成

马家浜文化和崧泽文化早期人群大多居住于近水而高爽的自然高地上：既有低地采集渔猎之便，又可免于水患。少量的稻作农业需要的地块不大，只需在居住的高地周围寻找合适地块加以改造，即可满足产量要求。而到良渚文化阶段，稻作农业成为维系社会经济之命脉，仅靠原有的居住地周边的小块耕地无法满足人口的需求，因此，原先很少涉足的低洼地都必须开发出来，因为这些区域恰恰是水稻的合适作业区。但是这些海拔只有 2 ~ 4 米的水乡平原非常卑湿，季风气候下易于发生涝灾，平地上人又无法居住，因此稻作生产和人类居住两方面的需求矛盾突出。

如何解决这一矛盾？智慧的先民创造性地采取了筑土堆墩的方式，很好地解决了这一问题。

我们以桐乡普安桥遗址为例来看看这种土墩的形态。

普安桥遗址揭示了一处崧泽文化晚期到良渚文化时期 4 个时段的聚落面貌，其前后变化不大（图 3-1）。第一阶段的聚落面貌是 3 个东西向分布的小型土台，台面中心有连续使用并原地补建的方形房屋，由西向东依次为 F11、F8、F6[1]。各土台略为方形覆斗状，但四面坡度较缓，尺寸较小，七八米见方，高度 1 米余，呈正方形。土台上的房屋皆曾为方形或长方形地面建筑，有单间或双间的形式。据测算，单间房面积在 25 ～ 30 平方米，门向南或东；双间房面积稍大，35 ～ 40 平方米，设东西向隔墙将整座房屋分隔为 2 间。在房址的东西两侧，分布着与房址共存的墓葬 12 座，从其埋设位置判断，当与

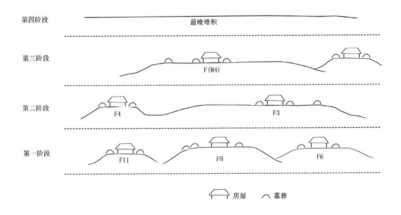

图 3-1　普安桥遗址形成过程示意

----

[1]　各房址下还有相同位置较早的其他房址，由于格局一直未变，故以最后时期的 3 座编号作为土台的代表。

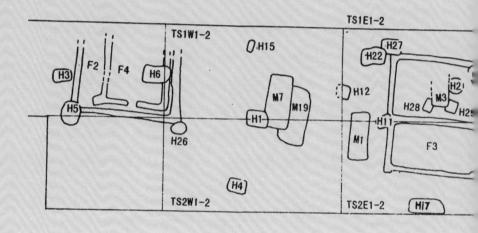

房址有对应关系。此阶段土台顶面较小，建房后空间比较局促，墓葬有的紧贴着房屋外墙或埋在台坡上。其后的第二阶段，这 3 个土台位置被覆盖，新建造了 F4 和 F3 土台，其房屋和墓葬关系一如从前（图3-2，图3-3）。

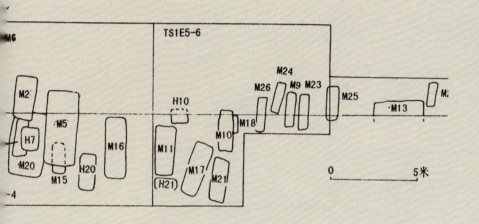

图 3-2　普安桥遗址的房屋和墓葬分布

　　综上所述，普安桥遗址的墓葬是以房址为单元布局的，围绕各房址的墓葬男、女、幼儿都有，这反映了正常家庭单位的结构。聚落内部以房址单元所对应的家庭为基本活动单位。每一个村落都有成排分布的若干个土台。这种台墩形聚落的外围，虽然目前未进行发掘，但是现在这些聚落上边都叠压着现代村落，外围都是水稻田。因此，我们有理由推测当时围绕着聚落土台的，也应该是稻田。

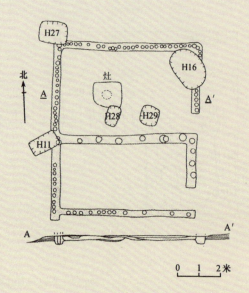

图 3-3　仙坛庙遗址房址复原

　　堆墩实际上是在低地区域对原有高地环境的一种人为复制，是对自然微地貌的人工改造。筑土堆墩的好处是双向的，一方面抬高了人类的居住面，没有了水淹之患；另一方面，堆墩所需的土方挖出后，形成了相应容积的低地，扩大了蓄水面积，进一步加大了水面与人类居住面的高差。从劳动效率的角度出发，取土地点往往就在堆墩处的近旁。所以先民一般会在堆墩前进行设计，将这些人工挖出的塘洼修整成与外围自然河湖水域相沟通的人工河道，这样在雨季能方便地排水，平时又能方便地获得清洁的生活用水，兼有舟楫交通和采集渔捞的便利，可谓一举多得。因此，这种形式迅速推广，大量台墩遗址出现，构成太湖平原显著的人口地貌特征。到了良渚文化时期，人类的活动范围已经遍及了长江三角洲的大部分区域，在居住点之间，已经没有明显的空白区域了。[①]

---

① 　陈杰：《长江三角洲新石器时代文化环境考古学考察纲要》，《中国社会科学院古代文明研究中心通讯》2002 年第 4 期。

二　密集分布的散点状聚落

在精耕细作的农业生产方式下，良渚基层聚落的规模都比较小。西方学术界的中心地理论认为，一个聚落的位置定位是基于生存所必须物质的最充分利用和各个点之间的最小位移考虑的。[①] 如果从效率角度考虑，必须将居住地分散，置于各作业区的中部，才能有效缩短居住区与作业区的距离。而较大规模的聚落，为了提供较多的人口所需的粮食，围绕着聚落的作业地面积直径就会过大，这是很不经济的。西方学者认为遗址位置的确定是为了在开发、运输与分配必需食物资源的过程中最小程度地消耗时间和能量。良渚文化聚落的直径就是在以上诸方面因素共同制约下的选择。而太湖平原水道纵横的地貌特征，也约束了单个聚落的规模。因为当时的交通必然以舟楫为主，而水网地带即使直线距离很近，也往往要顺水道绕行很久才能到达。所以太湖地区许多遗址都以四围较大的自然水道作为界线。这就是从崧泽文化晚期开始到良渚文化时期，聚落规模不断变小的原因。从后文的个案分析中，我们可以清楚地看到，这个时期聚落的扩散和

---

① （美）张光直著，胡鸿保、周燕译：《考古学中的聚落形态》，《华夏考古》2002 年第 1 期。

图3-4 仙坛庙遗址附近的遗址分布

殖民活动基本都是以一两个核心家庭的规模为单位进行的。基层聚落大抵以 30 ～ 50 人这种规模为多。仙坛庙遗址所在的海宁市与海盐县交界地带规模近似的史前遗址较多，其中包含崧泽文化晚期到良渚文化时期堆积的就有十余处。这些聚落的等级相差不太大，彼此间距在六七百米到一千米之间（图 3 - 4[①]）。仙坛庙遗址西侧四千米处为海宁市东山，其间有水道相通，遗址内发现的大量多孔隙的岩石来自该处。以上遗址点的分布反映了当时本区内基层聚落布局与日常活动半径的一般情形。这些遗址都为台墩型，与现代村落的形态类似。现仙坛庙遗址自然村即建于遗址所在的土墩之上，与四围的村落相距300 ～ 400 米，周围村庄也都建于高埠之地，其间为各村所属的稻桑作业地和水域，显示出古今聚落布局模式的一致性。唯今村落分布密度较高，而各村所占的作业地面积较小，应与现代农地单位产量较高、单位土地面积可维持的人口数较高有关。

　　良渚文化时期形成的这种基层聚落分布特征可以概括为：以自然水域为界线，小型化，以稻田和水域环绕，散点状密集分布。这些特征被长期继承下来，构成了今天江南农村的典型面貌。目前，在太湖

---

① 此图结合海宁和海盐两县市的第三次全国文物普查资料地图制作，感谢芮国耀、周建初、周祝军先生提供相关信息。

平原地区，要寻找良渚文化遗址非常容易，只要是现代台墩式村落，大部分底下就是崧泽文化晚期和良渚文化阶段形成的。所以我们可以说，良渚人创造了最早的江南。

正是因为良渚人创造性地发明了堆墩的居住模式以趋利避害，大量人口在广袤的太湖平原上四散开来，原来巨大的压力转化为极大的劳动力资源优势，从而为太湖平原的开发和良渚文明化的进程提供了动力和基础。

三 聚落片区的形成

太湖流域平原区地势低平，湖荡众多，对古遗址分布所产生的影响巨大。杭州和太湖间有南北向古水道，水道以南是良渚、临平区块，以北是嘉兴区块。太湖东部也有许多湖荡型遗址空白区，如古硕项湖、阳澄湖群等，海拔均低于 2 米，史前均为大片水体覆盖，不宜人居。而良渚文化时期人口密度大，对耕地面积的追求欲是比较强烈的，所以除了较大的水域和沼泽等空白区，其他宜耕宜居地区的遗址密度都较大，从而形成了几个相对密集的区块。学术界将这种区块状集中分布的遗址称为遗址群[①]或聚落群[②]。根据分布情况，可将太湖周边的良渚文化遗址分成几个区块：太湖以南的良渚—瓶窑区及临平区、太湖东南的嘉兴地区、太湖东部的苏南—沪西地区、太湖西北长江以南的江阴—武进地区、太湖西岸的湖州—宜兴地区。

....

① 刘斌：《余杭卢村遗址的发掘及其聚落考察》，浙江省文物考古研究所：《浙江省文物考古研究所学刊（三）》，长征出版社，1997 年。
② 丁品：《良渚文化聚落群初论》，西安半坡博物馆、良渚文化博物馆：《史前研究》，三秦出版社，2004 年；浙江省文物考古研究所桐乡市文物管理委员会：《新地里》，文物出版社，2006 年。

　　上文曾经提到，有的学者将这种区块视为不同的古国，也有学者将整个良渚文化区看成一个国，每个区块被认为是次一级的"邑"。真实情形究竟如何，还有待进一步研究。

How Had Been Liangzhu

何以良渚

第四章　聚落等级与社会

随着社会的发展，良渚文化已产生明显的聚落等级分化，构成原始的"都—邑—聚"格局。其中既有像良渚古城这种"王都"级别的高等聚落，也有大量万余平方米的基层村落。在这大小两类聚落之间，还有相当于"邑镇"级别的遗址。

迄今为止，以莫角山为中心的良渚古城是良渚文化中已发现的唯一城址，仅内城墙围护的面积就达 300 万平方米，是一级聚落的典型代表。近年的连续考古工作使我们对其宫殿区、城墙、城门、外围结构、外围水利防洪系统结构等都有了全新的认识，这些将在后文专门叙述。

如将整个良渚文化区视为一个完整的政治实体，以莫角山良渚古城为整个良渚古国的"都"，则类似寺墩、福泉山、赵陵山这样的"区域中心址"就当视为相当于二级聚落的"邑"。如将每个区块视作并立的"古国"，则寺墩、福泉山、赵陵山等聚落就当视为与莫角山良渚古城同级别的"都"。目前看来第二种可能性更大一些，但是针对其他"区域中心址"进行的聚落考古工作较少，因此其聚落结构和面貌需要日后材料丰富后才能对其展开进一步讨论。

二级聚落的界定最为困难。从聚落结构的角度我们发现，有一类规模介于基层聚落（三级聚落）和都城级聚落（良渚古城），由若干个聚落单体密集分布，聚落单体间距很小，其间没有农田等作业地的聚落集群，可视为二级聚落。目前暂可归入二级聚落的遗址，有余杭临平区块内的玉架山遗址和良渚遗址群内的姚家墩遗址 ① 两处。

三级聚落，即从事基本生活资料生产的基层聚落，在各个区块内大部分遗址都属于此类，样本最丰富。

---

① 王明达：《"良渚"遗址群概述》，余杭县文管会：《良渚文化》（余杭文史资料第三辑），1987年；王明达：《良渚遗址群田野考古概述》，《文明的曙光——良渚文化》，浙江人民出版社，1996年。

一 基层聚落的结构和组织关系的变革

良渚文化的平原农业生产，促使其聚落形态较早期马家浜、崧泽文化阶段发生了重大变化：基层聚落呈现小型化趋势，同时出现了良渚古城等超越自然经济的大型都邑。基层聚落是良渚社会数量最多、分布最广的聚落，直接从事稻作农业生产，构成了良渚社会结构的坚实基础。

我们以海盐仙坛庙遗址为例，介绍 5500aB.P. 前后良渚社会的基层聚落结构的变迁：

仙坛庙遗址中心为一孤立的东西向、近长方形高土墩，长约 100 米，宽约 60 米，最高处原海拔 7.4 米，周围为水田，海拔约 2.4 米。水田外围有河港环绕，形成相对封闭的地理环境和聚落形态。发掘证实，该遗址在良渚文化晚期之前，聚落核心部分的墓地和居住区分布都不超出高土墩的范围，即不会大于 6000 平方米，因此是一种典型的基层聚落。

仙坛庙遗址堆积基本涵盖了崧泽文化早期到良渚文化晚期各阶段，从聚落结构演变的角度出发，可分为 3 个大的阶段。早期阶段为崧泽文化早期，发现集体性的墓地和大房屋。中期阶段为崧泽文化晚期晚段到良渚文化早期，这个阶段主要是由成排分布的多个方形小土台，为埋设更多墓葬而各自向东西两侧扩建，逐渐形成南北两个长形土台的过程。之后为遗址的晚期阶段，属于良渚文化中、晚期。这时南排长形土台曾数次向北扩建加高，最终叠压在北排土台上，形成现今高土墩的基本雏形。因受到取土破坏，晚期土台整体面貌不清，早期和中期阶段的基本结构则得以保存，本文主要对这两个阶段的聚落形态进行分析。

（一）早期遗存

仙坛庙遗址早期中段的聚落布局揭示得比较清晰。该时期典型居住建筑为 F19 ~ F21，地面经过简单的铺平处理，由 3 个以上房屋建筑单体，通过相互系连的基槽，形成一组联系密切的建筑遗迹群，这些基槽推测是一种篱笆或轻墙类的围护隔离设施的基础。墓葬则集中埋设在房屋遗迹的西侧。

如图 4-1 所示，房屋遗迹以成组柱洞为表征，比较完整的有 F19、F20、F21。其中 F19 单体呈长方形，面积近 19 平方米。F20 面积在 45 平方米左右，室内有柱子将其分隔为三部分，南部屋外有擎檐柱或

图 4－1 仙坛庙遗址早中段遗迹分布（涂灰者为早期早段，留白者属早期中段）

平台支撑柱，可能有架空的平台。这些房屋都没有发现铺垫的硬土居住面和灶坑等设施，为干栏式建筑的可能性较大。

从形状和布局关系分析，基槽和房屋存在有机关系，这些基槽相互系连，内部又存在分隔，形成多个方形或长方形、留有小口的相对封闭空间，各房屋单元则被圈围于这些空间之内。基槽互相连接，将各分散的房屋单元统一成为一个有机组合。现发掘部分揭示的为该组建筑的中西部，南、西、北侧已到边，东侧则伸出发掘区外，可能还要往东延续至少8米以上。所以，这组建筑群外围基槽部分南北宽约18米，东西长已揭露部分超过30米，原来总长则可能达38米以上。

总体而言，仙坛庙遗址早期中段的房屋体量相对较大，各个房屋单体有基槽连通，显示其中居民的人员组织关系非常密切。这样大规模的建筑显示社群内公共活动被强调和重视，而个体家庭的独立性并不明显。在各单体间并没有同期的灰坑等，所以炊煮活动也不以单体建筑为独立单位。这些单体房屋建筑位置和形态不同，可能具有不同使用功能，而非具有类似功能的房屋的集合。F20的面积最大，也处于基槽圈的中心位置，可能属于居住屋，F19和F21围绕着它分布。其中F19位于基槽之西侧外，其性质或为仓房之类。因此我们推测当时的聚落生活采取一种共炊形式的集体模式。

　　这个阶段的墓葬绝大部分都集中分布于房屋建筑的西侧和西北侧，除了个别相邻的两座墓葬显示出比较密切的关系（可能属于夫妻）之外，大部分墓葬并不强调个体小家庭的归属，而是同样显示出一种集体经济下的公共墓地的埋葬形式（图4-2-1、图4-2-2）。

图 4-2-1（上） 仙坛庙遗址早期中段复原
（据海盐博物馆"海盐 嬴政 25 年"陈列之"远古遗存"视频展项修改）
图 4-2-2（下） 仙坛庙遗址中期早段遗址复原
（据海盐博物馆"海盐 嬴政 25 年"陈列之"远古遗存"视频展项修改）

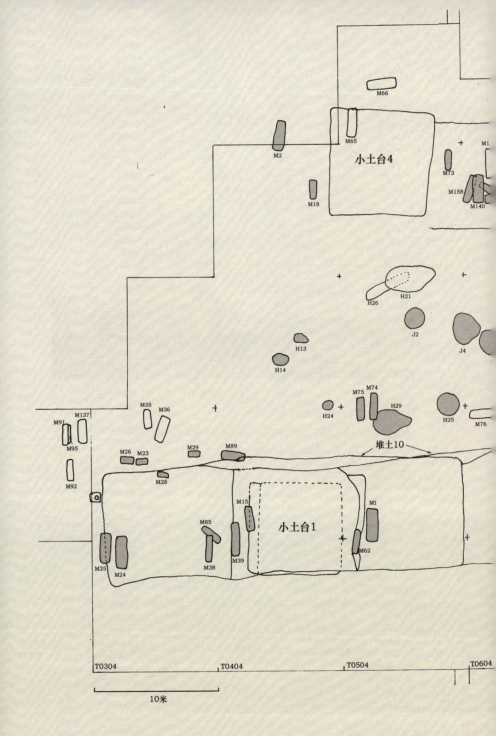

M66

M65

M2

小土台4

M73

M1

M158

M140

M18

H26 H21

+ +

J2

J4

H13

H14

M35 M36

M75 M74

M91 M137

+

M24 H29

H25

M95

M26 M23

M29 M89

堆土10

M76

M92

M28

M15

M1

M85

小土台1

M25 M24

M38 M39

M62

+

+

T0304 T0404 T0504 T0604

10米

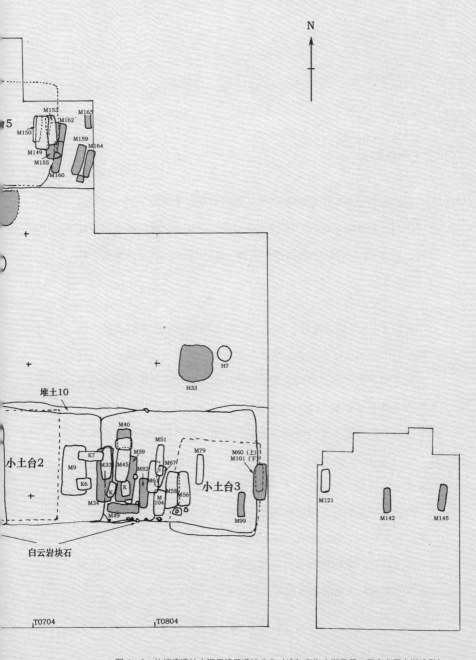

图 4-3 仙坛庙遗址中期早晚段遗迹分布（涂灰者为中期早段，留白者属中期晚段）

（二）中期遗存

仙坛庙遗址中期阶段聚落结构面貌和早期迥乎不同。这一阶段遗存可以划为紧密联系的前后两段，分别对应崧泽文化晚期和良渚文化早期。图4－3为遗址中期遗迹平面图，图中涂灰的遗迹单元属于崧泽文化晚期。

由图4－3可见，发掘区内共5个人工堆筑的小型土台单体，分别编号为小土台1～5。小土台皆为南北向方形或长方形覆斗状，分成南北两组。两组小土台间为低地，分布有水井和灰坑等遗迹。几乎所有的墓葬都围绕着小土台周围分布，小土台的东西两侧特别集中。仙坛庙遗址的这些小土台顶部因为破坏严重，未能发现房屋类建筑遗迹，但它与普安桥遗址的土台在构筑方式、排列形态、体量大小等方面表现出的高度一致性（图4－4），使我们相信两个遗址依托于土台之上的建筑单元的形态与结构也是一致的，即小土台上为地面起筑的方形或长方形的住宅类建筑，其上的房屋面积20～30平方米，有的带有隔墙分间，屋内屋外有灶塘等设施。[①] 因为土台上的建筑必然经过多次的兴废，土台实为不同阶段房屋建筑所相继沿用的台基。

----

① 秦岭：《环太湖地区史前社会结构的探索》，北京大学博士研究生论文，待刊。

图 4 - 4　小土台 1

南排土台中小土台 1 ~ 3 东西向依次排列，彼此距离 10 余米。小土台 3 东坡的墓葬 M101 被东部另一未知土台的西扩堆土叠压。所以，发掘区内南排三土台单体数量至少为 4 个。北排一组已揭露小土台 4、小土台 5，两排小土台都存在着向东继续增加个体的可能。通过南北向探沟了解，遗址区不存在其他成排小土台，所以当时聚落的居住区实是以南北两排平行的小土台（房屋）为基本格局构成。假设未发掘的东部区域分布着同样密度和形式的小土台，依据宽度推测，每排小土台数量当在 5 ~ 6 个，故整个聚落全部的小土台数量为 10 ~ 12 个。

小土台上的居民死亡后，就被埋在房子的周围。当墓葬增多，葬位不够时，各小土台即自行向东西两侧堆土扩建用以埋墓。此种扩建随着死者的增多而多次进行。时日既久，同排相邻土台逐渐靠近，最终接续形成一个整体的长形土台。此过程中，台上的房屋经历多次损毁和重建，并与墓葬的埋设过程交错发生。因此，各阶段房屋单元与周边墓葬具有复杂的层位对应关系。唯因历史时期及现代取土破坏，房屋居住面及灶坑、墙基、柱洞等迹象皆已无存，墓葬大多暴露于地表。依照保存稍好的小土台 2、小土台 3、小土台 5 附近地层观察，并结合对墓葬出土器物进行的类型学分析，可将中期墓葬等遗迹划分为密切联系的早晚两个小段。中期早段为崧泽文化晚期，中期晚段属于良渚文化早期。

从平面位置看，早段墓葬与各小土台存在明确的对应关系，大都位于各小土台的周边扩建部分或土台的坡脚下。有时因分布非常密集而产生局部的打破关系，或者因位置局促不惜改变固有的墓向，而绝不埋设于土台中心，这都是因为当时土台中心已建有房子。

晚段墓葬破坏较甚，总体而言其分布位置基本与早段墓葬重合，而不进入原土台的中心位置，可能此期的房屋建筑单元仍基本位于原位，没有较大的位移。

（三）中期早段遗存

各小土台的起建年代基本相当。各小土台依实际需要，自行向两侧堆土埋墓。各部分堆土逐渐接近，并发生局部的重叠。因为这种扩建活动由各小土台上的居民自行其事，堆土来源、建筑时间各不相同，故扩建部分的土质土色就有明显差异。如小土台 1 的东扩部分为黄褐色略带砂性土，小土台 2 的西扩部分则是一种夹杂大黑斑的青色水相沉积的淤土，可能采取了草裹泥的工艺。在平面上露出时，这些不同质地和来源的堆土在交界处的南北两缘常呈现出弧形交角，清晰显示出各自堆筑的边际。

　　小土台的使用过程中，人们还于两排小土台之间的低地上建造相关的灰坑、水井等附属设施。其中与早段小土台相对应的遗迹包括灰坑8个、水井4口。灰坑大小不一，形状亦不规整，从包含物看，大抵是一些破碎陶片、烧土块、兽骨等日常生活垃圾。它们大多分布在南北两排土台之间的鞍部低地，是与台上建筑配套的垃圾坑。水井的分布比较集中，数量也较少，并不一一对应于各小土台，因此水井属于聚落内的公共设施。

　　显然，中期早段时期各土台外形、营建及扩建方式、堆土来源等都不相同，这表明各土台的营筑主要是由其所对应的社会单元自行完成的，而从各台对应的沟、灰坑等相关附属遗迹的分布看，这种单元应该是一级独立的生产和消费单位。各单元间存在贫富分化，此种区别明显表现在土台的营筑方式、墓葬随葬品的质量，特别是玉器等贵重消费品的数量和质量上。同时，各单元的人口规模是不一致的，这似乎与墓葬等级存在正对应关系，可能意味着这种贫富差别实际上与各单元的劳动人口的多寡有关，即劳动力多的单元，或者是制陶等技术高超的单元，消费水平就高。玉器在地处平原地区的仙坛庙遗址属于紧缺资源，当是通过交换而来，而部分婴幼儿墓内都有玉饰片随葬，表明财产是由各单元独立所有，并通过某种血缘继嗣系统传承。

从单元内部看，墓葬归于各自土台，表明个体对于这一级单元具有极强的归属感。单元独立性颇高，某些情况下对其成员具有决定生死的权力。根据墓葬随葬品比较，可分析出单元内部成员之间比较平等，男女性之间没有明显差别，而儿童的随葬品较少。

在强调小土台对应的基层组织独立性的同时，我们还注意到这些独立运作的土台却严格按照着某种规划有序地布列成两排，而两排间又形成南北对称的格局，这显然是一种管控的结果，应该存在有聚落一级的管理。

（四）中期晚段遗存

随着时间的推移，土台间扩建部分逐步接近。接着，土台的结构发生了一次重大变化，即两排土台北侧都出现整体作业的堆筑层，使南北两组独立土台变成南北两个长型土台。此后，南部的长形土台不断向北扩建。这些扩建行为都由整个南部长形土台进行统一施工作业，所以扩建的堆土层形状平整划一，土质土色也高度一致。夹在这些扩建层之间的生活堆积和建筑废弃堆积层，则仍然是局部而不连续的。所以，尽管台上的房屋建筑已不存，我们仍可推知统一建造的土台上仍然有若干独立的建筑单体存在。在南部土台的扩建过程中，北部土台也仍持续使用，但其南北向的宽度规模基本未变，似乎只在进行堆土加高。这种统一扩建方式持续到遗址晚期阶段（良渚文化中晚期），不断扩展的南部土台北缘最终压在北部土台上，发展成为一个近方形的高土台。高土台破坏很严重，残存的东北角上发现有良渚文化晚期的玉器大墓，高土台北缘的建筑废弃物和生活垃圾层暗示晚期时台上建筑仍为墓葬和房屋的复合形式。

从晚段墓葬看，随葬品品种数量增多，显示当时土台上居民的生活变得比较精细富足，各组墓葬间的差别主要体现在玉器这种奢侈品的区别上。属于同一单元的 M67 和 M104 皆为婴幼儿墓，前者墓坑简易，只有 1 件陶器随葬；后者墓圹（即墓坑）内却有生土二层台，葬具特别考究，有棺有椁，棺下有方形垫木。随葬品有玉石陶牙骨器 15 件，其中除鼎、豆、盆、壶等生活用器外，还有石钺、牙镞、鹿角靴形器和 6 件装饰性玉器，其规格已超过同期的一般成人墓（图 4-5）。M104 墓主为 6 岁儿童，根本不具备参加生产的能力，却随葬钺、镞、靴形器等类型完备的武器和生产工具，表明以血缘关系为基础的财产继承制中，单元内部成员在继嗣系统中因长幼顺序或男女性别等不同而产生权利差异，可能已产生嫡长子（女）优先的世袭制度。

晚段将独立的小土台扩建为一个统一的长台过程中，小土台 1 ~ 3 等统一扩建而小土台 4 却不"入伙"，说明同排分布的独立小土

图 4-5 仙坛庙遗址 M104 婴幼儿墓

台间，也还存在关系的亲疏远近的区别，部分相邻的土台的关系可能更为密切一些。因此，在"一排土台"为代表的这级组织中，可能还隐含着关系亲疏不同的若干个土台组的次一级结构，这一级结构在早段也应该存在，但是以一种隐性形态来表现的。从邻近的小土台关系密切的现象看，可知小土台位置是人为安排的结果，甚至极有可能这组关系相对亲密的土台中有一个为母土台，其他土台乃是该台开枝散叶向外扩展的结果。回过头来看小土台1，其墓葬起始年代较早，原先小土台废弃物是向东、北两面进行处理，后来因为其东侧兴建小土台2，所以改向北面抛垃圾，故在小土台1~3这组土台中，小土台1当为初始的母台，后随着人口的扩展，而逐渐分出独立的小土台2、小土台3。在晚段时，这种亲缘关系得到强调，故形成一个长形土台。某些状况下，这级组织的领导者可以统一调配同一组的次级单元的劳动力以完成诸如扩建土台等的集体劳动。而东侧其他土台也可能有类似结构。所以，以土台形态为表现的聚落内的组织共有4个层次，即单个小土台、小土台组、成排土台、整个聚落。

仙坛庙遗址中期聚落布局所表现出的严格的级序型结构，必然是某种社会组织关系的反映。从仙坛庙遗址4个层次的组织结构看，其实与长江中游大溪文化——屈家岭文化早期的聚落如出一辙。根据赵辉的研究，在以湖南省安乡县的划城岗遗址为代表的墓地中，可以分解出墓列、墓组、墓群、墓区四个层次，层次间纪律井然，显示出较强的纪律性。河南省邓州市八里岗遗址分布着至少 3 排建筑，每排建筑由若干栋东西向一字排开的房子组成，这些房子均为分间式排房，其中长的有七八间（套），短的有两三间（套）。故整个八里岗建筑群也可划分出 4 个等级，依次为套间、栋、排、村落。赵辉认为建筑的等级和墓地的层次是一一对应的，它们分别反映了如下的社会组织：墓组 = 一套间房 = 核心家庭；墓群 = 一栋建筑 = 扩大家庭；墓区 = 排房 = 大家族（世系群）；墓地 = 村落 = 氏族 (?)。

仙坛庙遗址聚落的四级结构形式为单个土台、土台组、成排土台、整个聚落。普安桥遗址只发掘了较少部分，已揭露的迹象则属于单个土台、土台组这样的规模。两处遗址的相似反映出此种结构形式在当时的基层聚落内具有典型性。而形式是内容的反映，那么这一结构与社会组织间存在着怎样的对应关系？

小土台与墓葬之间存在归属关系，已知小土台是房屋建筑的基础，则墓葬反映的是该台上住宅内的人员组成情况。从性别年龄分布情况看，各土台周边墓葬大都是关系亲密的成年男女和儿童，儿童具有财产继承权，表明台上的住宅内应该是具有血缘关系的群体。各小土台顶部面积在 50 ~ 60 平方米之间，参照普安桥遗址的 F3，推测其上的住宅面积当在 20 ~ 30 平方米。在此面积下，可能存在的血缘组织只能是一对配偶及其未婚子女组成的核心家庭。通过对死者年龄均值近 30 岁的分析，推知当时的核心家庭人口数量在 4 ~ 5 人。在小土台 5 等保存较好的情形下，这个土台早段墓葬数量约为 11 个，其间的陶器式别大约为 2 个。根据商代和汉代的陶器分期经验，这意味着有 100 年或更长的时间跨度。[①] 以一个核心家庭夫妻 2 人为一辈计算，除掉 1 座婴幼儿墓，这批墓葬包括了持续发展的五辈人，平均每 20 多年增加一辈，因此，年龄分析的结果也同样支持一个小土台与一个核心家庭的对应关系。如此则可根据仙坛庙遗址 10 ~ 12 处的小土台总量，推知当时聚落的人口数量在 40 ~ 60 人之间。

在获得这一认识后，则小土台 1—小土台 2—小土台 3 这组依次建造、具有比较密切关系的土台组，即相当于八里岗有两三间（套）的一栋建筑，应代表了一个由 3 个核心家庭组成的扩大家庭。

因为小土台、长土台两层次都是基于血缘关系进行组织的，则基本可推论并排的长土台也是基于同一理由而规划的。遗址东侧不知有否相同的一组长土台存在。如果有，则这两个并排的长土台所对应的

....

① 赵辉：《长江中游地区新石器时代墓地研究》，《考古学研究》2000 年第 4 期。

两个扩大家庭之间，也应该是具有血缘联系的一个家族。

南北两列土台之间的关系目前缺乏足够的证据来推导，只是与前述同样的理由，我们倾向于认为两排土台上的居民可能来自同一个血缘集团，只是关系更远一些。从仙坛庙遗址的聚落规模看，两者可能是具有共同远祖的一个大家族或小宗族。

晚段时，埋在原小土台 2 ~ 3 之间鞍部的墓葬仍现出较高的级别和规模，与北排土台的长期弱势形成鲜明对比，这为南排土台向北的不断扩张直至最终兼并北部土台的进程做了最好的注解。就形式而言，早段南、北两排土台是对称的，由此反映出它们所对应的社会组织——家族，在整个聚落结构中的地位是基本均衡的。晚段这种均衡被打破，从堆土 10 到堆土 1，南部这个长土台持续向北扩展，到晚期，该台上出现高级玉器大墓并压在北部土台上。土台在其南北宽度以及高度不断加大的同时，东西长度的规模却大体保持不变。这个过程提示我们从良渚文化早期开始的聚落内部阶层的分化，是以小规模的扩大家庭为基本单位而展开的。在各个扩大家庭间的等级差异不断增大的同时，扩大家庭内部成员间产生了分化。

从仙坛庙遗址已经揭露的 5 个小土台上看，早段小土台 2 的营建特别考究，其上的墓葬等级较高，玉器数量明显较多（图 4-6）。这

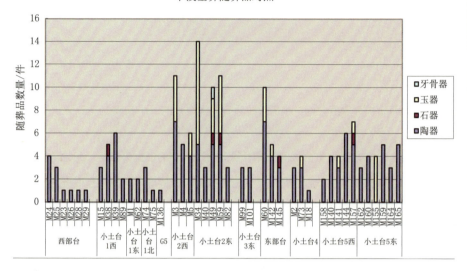

图 4-6 　早期墓葬随葬品对照

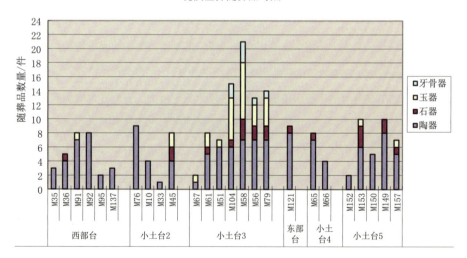

图 4-7 　晚期墓葬随葬品对照

个时期，这个核心家庭的家长应该是整个村落代表的宗族的首领，当然也是其下的家族和扩大家庭的家族长。到了晚段，小土台3上的核心家庭则完全取代了小土台2家庭的地位，随葬品总量和玉器数量鹤立鸡群（图4-7）。与此同时，小土台2的墓葬数量很少，人口寥落，可能是这个家庭衰败的原因。因为小土台2和小土台1、小土台3曾经一起统一扩建土台，显然具有更亲密的血缘联系，我们认为这几个家庭的主要成员之间存在着类似兄弟的关系。这暗示我们，在财富和权力依核心家庭父死子继的继嗣主系统下，可能还有兄终弟及的辅系统，以保证在大的血缘系统的顺利传承。

仙坛庙遗址由崧泽文化早期的沟槽围护的房屋，集体分布的村落墓葬和灰坑所体现的共炊制生活，发展到崧泽文化晚期以独立台墩为核心，全面强调个体家庭经济独立性为特征的聚落结构，再到良渚文化早期在个体小家庭基础上，宗族组织对聚落控制的强化，生动反映了这一时期社会复杂化进程中聚落内部的结构变化。

总体而言，良渚文化稻作农业的生产形式，决定了聚落规模的小型化，这促进了个体家庭私有制成为良渚文化时期社会经济的基本形态，从而成为了良渚建国的基础。同时，大概可以判断，基层聚落内部各个小家庭之间可能是通过血缘纽带联结的宗亲组织进行管理的。

二　二级聚落的结构与分析

良渚文化的二级聚落，即"邑"一级的聚落，可以理解为各个片区的中心聚落。目前，对江苏、上海地区各片区的各中心遗址的认识，多来自墓葬等级的区分，对其聚落结构都还没有比较明晰的认识。这个级别的聚落，以临平遗址群的玉架山遗址和良渚遗址群的姚家墩遗址最为典型。

三级聚落作为基本的农业生产型聚落，农地是其聚落要素中不可或缺的部分。实际上，聚落的点状分布正是基于对农地的合理开发目的而形成的。目前因为发掘面积和研究的限制，绝大部分的聚落实际上都没有找到稻田作业地。但是以现在的太湖流域基层村落的情形看，台墩村落周围的低地上都围绕着稻田和水域等作业地，推测良渚时期也当如此。从经济的角度看，聚落外围的农地分布，必须具有合理的半径。半径过大，从居址到农地的外侧边缘距离太远，路途时间耗费过多，就意味着真正的农作时间太短，不够便利。同样，聚落单元距离也不能过于接近，因为太近就无法在土墩间的空地里安排足够面积的作业地，以维持村落人口生存所需。比如前述浙江海宁、海盐两市县交界处良渚文化时期基层聚落的分布情形，就属于典型例子。这样的空间内的作业地面积，在当时的生产力条件下，估计能提供维持村落人口生存和发展所需。而玉架山遗址等聚落的空间结构，与此具有本质的不同。

（一）玉架山遗址 [①]

　　玉架山遗址地处杭州市余杭区东部，西距良渚古城 20 余千米。玉架山遗址的南面是发现了良渚文化水稻田的茅山遗址，西南面是埋设了贵族墓葬的横山遗址。遗址总面积约 15 万平方米，共发现了由 6 个相邻的环壕围沟组成的完整的良渚文化聚落遗址（图 4-8），至 2019 年已发掘 33000 平方米，共清理良渚文化墓葬 581 座、灰坑 27 座、建筑遗迹 11 处，出土陶器、石器、玉器等各类文物 7000 多件。[②]

[①]　浙江省文物考古研究所楼航等：《浙江余杭玉架山遗址——发现了由六个相邻的环壕组成的良渚文化完整聚落》，《中国文物报》，2012 年 2 月 24 日 4 版。
[②]　据浙江省文物考古研究所 2018 年度考古工作汇报会上项目领队楼航所作的玉架山遗址报告。

图 4-8 玉架山遗址各环壕聚落位置

1. 总体布局

环壕Ⅰ：目前已发掘了西面的大部分，壕沟平面总体上呈方
形，东北转角略成"丁"字形，往北延伸与环壕Ⅲ相接。环壕Ⅰ边长
134 ～ 155 米，面积 25000 余平方米，发掘面积约 10000 平方米；
壕沟宽 3.35 ～ 15.20 米、深 0.60 ～ 1.25 米。环壕Ⅰ内有墓葬、房子、
灰坑和砂土层等遗迹，已清理良渚文化墓葬 303 座、房屋遗迹 8 座；
其中 200 号墓出土随葬品数量最多，约 110 件（组）。

环壕Ⅱ：东西长约 100 米，南北宽（东段残长）现存约 40 米；东南转角处壕沟最宽 6 米，深 0.75 米（不含壕沟内的取土坑）；面积约 10000 平方米。发掘面积 3000 余平方米，清理墓葬 47 座；靠近土台的内岸边局部铺设块石，环壕填土中出土较多实用器残片。

环壕Ⅲ：东西长 130 米，南北宽 75 米；遗址面积近万平方米；已清理良渚文化墓葬 85 座和房屋 2 座。在 H18 内出土了良渚文化首次发现的橹，反映了壕沟具有作为水路通道的功能。另外，环壕Ⅲ内也发现一处铺垫砂土的遗迹。

环壕Ⅳ：东西长 90 米，南北宽 57 米，面积 5300 余平方米。发掘面积 2000 平方米，清理墓葬 49 座、房子 1 处。

环壕Ⅴ：环壕边长约 120 米，面积 15000 平方米。大部分被破坏，仅东南角尚存。清理墓葬 61 座。

环壕Ⅵ（灯笼山遗址）：边长近 90 米；遗址面积近 8000 平方米，发掘面积近 7500 平方米；清理墓葬 36 座，出土玉琮、朱漆柄石钺等遗物。

这些环壕的平面形状均大致为圆角方形，略呈正南北方向。开挖环壕的同时，将环壕内部填高，形成可供居住和埋墓的土台，壕沟的底部及外围，留下较多大小和深浅不一的取土坑。环壕形成后既可起到防护作用，同时也具有水陆交通和提供生活用水的功能。从各环壕内已发掘的墓葬看，有的环壕使用从良渚文化早期一直延续到晚期，有的如环壕Ⅳ只发现晚期遗物，因此各壕沟起建年代不同，但在晚期应该是同存的。随着大量使用和生活垃圾的倾倒，环壕被逐渐地填埋，丧失了部分功能。

玉架山遗址由 6 个环壕构成。这些环壕的内部，都各有墓葬、房屋等分布，实际上这是 6 个结构完整的聚落单体。不同于其附近的茅山遗址的山坡环境，玉架山遗址各单体皆是营建在平地上的土墩型聚落。其中面积最小的环壕Ⅳ约 5300 平方米，与仙坛庙等遗址的基层聚落面积相当；最大的环壕Ⅰ面积约 2.5 万平方米，也仍属于基层聚落的范畴。从各聚落单体的平面布局上看，除环壕Ⅴ偏处东北角外，其余的环壕Ⅵ、环壕Ⅱ、环壕Ⅲ、环壕Ⅳ围绕于体量最大的环壕Ⅰ周围，与环壕Ⅰ间距短的仅 30 ~ 40 米，远的也仅百余米。其中环壕Ⅲ的壕还分别和环壕Ⅰ、环壕Ⅱ相互连通，显示出密切的关系。经过专项稻作农业调查，我们发现这些聚落单体间，以及整个聚落组外围的空地内，都没有良渚稻田的分布。前文我们分析过类似仙坛庙遗址这种基层聚落间的间距，以及聚落间稻田作业地的分布情形，玉架山遗址各聚落单体形式上尽管和基层聚落类似，但是其组合方式明显比一般基层聚落散点状的形态紧密，显示出一种亲缘关系。同时，在良渚的稻作水平下，这样的间距明显不足以安排维持聚落人口所需的稻田面积。因此，这些聚落的粮食应该是由外部输入的。通过对周边约1千米范围详细钻探，未发现有遗址分布，因此玉架山遗址的6个环壕应统一构成一个完整的聚落组合。这种聚落组合的组织形式既不同于基层聚落以单个土墩作为单位，也不同于有明确城垣和外围结构的良渚古城，它似乎是一种由基层聚落群向城市变化的中间形态。所以我们将其视为良渚聚落的中间层次—二级聚落。

玉架山遗址的每个环壕都对应着一个内部功能结构完整的聚落单体，但却缺乏维持其自给自足必须的稻田系统。这些聚落具体的运转模式，目前尚未有很明确的认识，但是这种集中分布的聚落组合和围绕着稻田松散型分布的基层聚落具有根本区别，因此已经违背了经济性原则。许宏观察许多具有早期城市性质的龙山文化城邑，发现它们"都不是在原来的中心聚落之上就地兴建——龙山时代的城邑相对于此前的中心聚落来说都是易地而建"[1]。许宏将这一现象解释为"从公

---

① 许宏：《先秦城市的考古学研究》，北京燕山出版社，2000年8月。

共空间变为权力空间"。因此,如果上述判断可参考,那么玉架山遗址这种聚落组合的出现,应该不是自然经济的选择,而是强调宗教或世俗权力的思想在空间形式上的反映。

从各聚落单体的分布状况看,居于中间的环壕 I 体量最大,其他体量较小的聚落在周边环绕分布,同时中心聚落内部的墓葬和建筑等级别明显较高,表明在环壕这一层级上已经形成了明确的等级差异和从属关系。前面对于仙坛庙遗址基层聚落的分析得知,每个聚落内部存在个体家庭、扩大家庭、家族、大家族 4 层结构,而玉架山遗址 6 个聚落单体构成的聚落组合的空间关系,除了上述 4 个内部层级之外,还体现了环壕聚落单体间的关系。

可以注意到,玉架山遗址的各个聚落单体外部都有环壕,彼此还留有几十到上百米的间距,标示出彼此间明晰的边界,6 个环壕区的周围并没有城墙等设施将其强化为一个形式上的整体,可知这时候血缘家族的独立性很强。这 6 个环壕并非同时建立的,从出土遗物看,环壕 I、II、V、VI 在崧泽—良渚过渡阶段即已出现,并延续使用到良渚文化晚期。而环壕 III 在良渚中期出现,环壕 IV 也同时或略晚出现。环壕 III 的特别之处在于,它位于环壕 I 东北角,与之距离极近,其西环壕和环壕 I 的东环壕直接相连,显示出特别密切的关系。

同时，它与环壕Ⅱ也相连，环壕Ⅱ是早期距离环壕Ⅰ最近的。因此，环壕Ⅱ聚落可能是从环壕Ⅰ聚落中分离出去的，具有血缘关系的子聚落。而到了良渚文化中期，环壕Ⅰ聚落又分离出了环壕Ⅲ聚落，因此，环壕Ⅰ、Ⅱ、Ⅲ之间，就有特别亲密的关系。而早期的环壕Ⅴ，中期的环壕Ⅳ，虽然同属于一处，但位置和距离则明显较前者远，彼此之间也没有河道连通。其他的聚落和环壕Ⅰ聚落之间，可能不存在着血缘联系，而是基于其他因素形成的地缘结合。这样，玉架山遗址这种二级聚落是糅合了血缘和非血缘两种组织关系形成的新型聚落组织，其重新定义了各聚落在社区中的角色地位，形成了更为复杂的社会关系网络。同时，各小社群内部的血缘独立性是被强调的。

2. 聚落单体结构

6个环壕聚落中，以环壕Ⅰ保存得最好，揭露面积最大，我们以其作为聚落结构分析的样本（图4-9），其余环壕聚落也有迹象显示了类似结构。

在环壕Ⅰ的西部大部分已经发掘。观察平面图（图4-9），可发现整个发掘区的墓葬大体可以分成南北3排。另清理了2处用石渣铺垫的"砂土遗迹"，墓葬分布是和砂土遗迹相关的。同时发现另外3处方形区域，可能也是房屋基址。

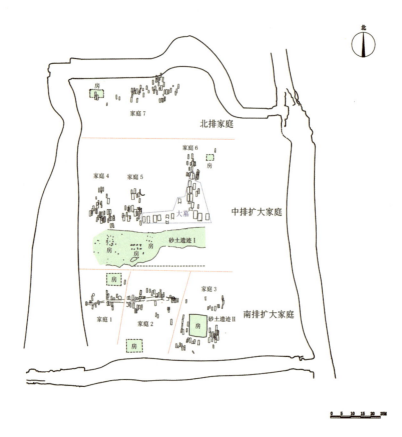

北

家庭7
房

北排家庭

家庭6
房

家庭4 家庭5

中排扩大家庭

大墓

砂土遗迹 I
房

房

房

家庭3

房

砂土遗迹 II
房

南排扩大家庭

家庭1 家庭2

房

0 5 10 15 20 25M

图4-9 玉架山遗址环壕 I 结构及组织关系

096

南排居住遗迹包括 2 处房址和砂土遗迹 II。砂土遗迹 II 位于环壕 I 土台的东南部，为边长 8 ~ 10 米、厚约 0.15 米的方形遗迹，面积约 80 平方米，其上埋设 1 件陶缸。我们认为这种砂土遗迹实际上就是土台的居住面。砂土遗迹 II 形态和仙坛庙遗址、普安桥遗址的小土台形态规模非常一致。而同时较多墓葬分布于其四周，仅有一座墓葬打破它，这一点说明在一个相当长的时间内，这块空地上都建有房屋。这样的 70 ~ 80 平方米规模土台上的房屋，应该对应着一个核心小家庭。土台周边的墓葬，即为这个家庭不同时段的墓葬。砂土遗迹 II 西边的 2 处方形台基也类似，周边的墓葬与之有归属关系。

砂土遗迹 I 位于环壕 I 土台的中部，东西长约 70 米，南北宽 7.8 ~ 18 米，最厚处约 0.15 米，面积约 1000 平方米，局部被后期破坏。平面上发现柱坑遗迹 F3 ~ F5。墓葬分布在其北侧和南侧，表明这处砂土遗迹所处阶段相当于仙坛庙遗址中期晚段由小土台彼此接续扩展为长形土台的阶段。砂土遗迹 I 的东北侧也有一个方形居住土台。

聚落最北端还有一排墓葬，它对应的居住单元位于该组墓葬的西侧，目前仅发现一座土台，可能是一个家庭。

从聚落内部结构的角度看，环壕 I 聚落和仙坛庙遗址与普安桥遗址这种基层聚落非常相似。比如村落内分若干排东西向小土台，人们居住在小土台或长土台上，经济以核心小家庭为基本单元，家庭墓葬埋设在土台周边，地位和财产采取世袭制。聚落内的等级差距也以核心家庭为单位体现，每个小土台房屋对应一个核心家庭，每排房屋对应着一个扩大家庭或小家族，整个环壕聚落3排房屋就对应着一个具有血缘关系的宗族。

砂土遗迹Ⅰ代表了一个扩大家庭或者是小家族。现在我们重点分析下它北侧的墓葬分布。我们对这一片区墓葬分布最直观的感觉，就是同一排墓的等级泾渭分明。墓葬等级从墓坑大小就可以直观看出来。从图4-9可见，西侧的墓葬都为小墓，分成两组，似乎分别可以和砂土遗迹Ⅰ上西侧的两座房屋对应，推测代表了两个核心家庭的墓葬。其中东侧核心家庭墓区东边，东西向一排都是大墓。砂土遗迹Ⅰ东北部的独立小土台应该是另一个家庭，其西侧为墓葬，这组墓葬南北向排列。其靠近土台的北侧墓葬等级较低，往南靠近砂土遗迹Ⅰ的也是大墓。因此在砂土遗迹Ⅰ中，靠近中部和东部的全是单独排列的大墓。这些墓体量巨大，东西横跨近50米，占据了整个砂土遗迹Ⅰ长度的三分之二。属于图4-9中家庭5的6座墓年代较早，包括良渚文化早期等级最高的M149（男）和M200（女），M149出土了玉琮、三叉形器、冠状梳背、纺轮、成组锥形器等玉器及朱漆柄石钺和陶缸等遗物，是该遗址内已知最高等级的男性墓葬。M200 是玉架山遗址迄今最高等级的墓葬，也是继瑶山墓地之后良渚文化早期浙北地区已知的最高等级女性显贵大墓。墓中出土了平顶透雕刻纹冠状梳背、琮式镯、龙首纹锥形器、匕形器和成对的箸形器等器物（图4-10，图4-11）。这些最高级的墓葬正处于整个二排墓葬区的最中心。东侧属于家庭 6 的 3 座墓破坏严重，但是从墓坑大小看比中间的更大。发掘领队楼航告知，其年代约为良渚文化中期。这 3 座墓埋设之后，可能是土台已到东缘；后来的大墓埋设方向完全变化，变成向北侧分布，这些墓年代约为良渚文化晚期，出土了刻纹玉璧等晚期典型墓葬。其中的贵族墓还有男女两两对称排列的迹象，可能暗示了夫妻关系。

分析一下这组涵盖了良渚文化早期到晚期阶段的贵族墓葬：

首先，这组墓和西端的两个核心家庭的墓地同属砂土遗迹Ⅰ。我们前文分析过，这种长土台上居住着一个具有血缘关系的扩大家庭，或者小家族。因此可以知道这些贵族墓葬的主人和西侧这两个核心家庭的普通人，具有血缘关系。

那么，这些贵族墓葬，是不是和仙坛庙遗址的小土台 2 和小土台 3 上的墓葬一样，属于一个独立的核心家庭呢？对于上述情况的

图 4-10 玉架山遗址 M200 平面、局部和出土陶器

图 4-11 玉架山遗址 M200 部分出土玉器

精细分析，需要等到发掘资料公布之后方能展开。承发掘领队楼航先生告知，这组贵族墓地排列的一些特殊现象，使我们对其构成关系有了一些新的认识。这组有序排列的墓中，排在西端的属于良渚文化早期，排在东部的属于良渚文化中期，最后折向北面的墓葬属于良渚文化晚期。就是说，当良渚文化早期的西头的贵族墓葬 M200 等埋下去的时候，就已经将东部的葬位规划好，预留出来给未来数百年的各代继承人。起先，贵族成员可能来自家庭 5，到中期后，从东侧 3 座墓葬开始的这些贵族墓葬的来源可能变成了家庭 6，所以它们和早期来自家庭 5 的贵族墓葬间有空隙，并改为向北排列。如果这些人是按照一个核心家庭排列的，按照我们在仙坛庙遗址研究计算的人均生育年龄为 22.5 岁计，理论上每个核心家庭每 100 年内应该平均有 4.4 代人，夫妻共计 8.8 个死者，这其中还排除了未成年即夭亡的死者数量。而前面列举的各史前墓地，未成年人的墓数量不少。根据出土物判断，砂土遗迹 I 北侧的这批贵族墓葬的时间跨度，从早到晚不会少于500 年。理论上一个核心家庭中完成这一时间跨度应该有差不多 22代夫妻，共 44 人。考虑到还有未成年人的墓葬，44 人这个数量是理论值的下限。而现实墓葬只有 20 来座。同时，我们发现这些墓坑的体量都很巨大，应该都是成人墓葬，没有小孩墓。从这种迹象来看，这种最高贵族墓葬的墓地，可能只埋设了成功完成某种社会角色的成员（或还有其配偶），而不是按照一般核心家庭的惯例和家庭成员混埋在一起。有可能这些贵族就是来自西侧和北侧的两个核心家庭，是这两个家族的历代领袖。这些人的身份非但是本排土台代表的小家族和整个环壕所代表的宗族的族长，也是所有 6 个环壕中身份最高的一些人，即超越了环壕限定的权力空间，而是整个"邑"，甚至是整个临平遗址群的行政和宗教领袖。

同时这种成员墓葬似乎有夫妇并列的现象，因此，核心家庭的观念是被强调的。良渚贵族墓葬的随葬品因男女性别而有不同的典型器物组合，说明男女担任的社会角色完全不同。因为不可能每一阶段的夫妇都同时担任各自的行政或宗教职务，所以配偶一方更可能是出于夫贵妻荣或者妻贵夫荣的原因配享于此。同时，在家族墓区内，预先留出大量的葬位给这些超越家族权力范围的显贵者，标示这些社会权力的担任者不会是自由竞争的方式产生的，而是可以预期的必然会在这个家族中产生的。因此，这种以王权和神权体现的公权力更可能是按照某种血缘关系来实现世袭的。从早期贵族来自家庭 5，到中晚期更可能出于家庭 6，说明在扩大家庭层面上可能是有兄终弟及的辅助继嗣系统作为核心家庭传承的补充，从而保证在直系血缘无法传承的时候，权力能在扩大家庭或者小家族的内部完成而不旁落。因此居址在环壕Ⅰ中排的这个家族，就是玉架山这个"邑"的"神圣家族"。

这些显贵者担任的社会角色和行使的社会权力，皆超越本宗本族范围。那么是否存在着与这种社会公权力相关的建筑和仪式空间，比如宫室、坛庙、广场等设施？目前因为砂土遗迹Ⅰ建筑这一部分被破坏，其他区域资料亦未详细发布，尚难于判断。从发掘情形看，即使在砂土遗迹Ⅰ或者其他位置存在着这种礼仪性建筑，其也是被局限在宗族所居的环壕范围内，不会有特别大的体量和特别高端的形式。

由此似乎可以推知这些显贵者对于其他环壕内成员的管理和控制是比较松散的，可能只是对各环壕的宗族长具有直接或间接的领导作用，并通过各环壕内部的血缘宗法系统进行贯彻。

3. 对于玉架山遗址人口组织关系的分析结论

（1）以一个大聚落为中心，周围环绕分布若干小聚落。每个聚落代表一个宗族。其中有的聚落与中心聚落之间的宗族可能有血缘关系，另一些则可能没有。宗族聚落等级差异明显。聚落的宗族内部的最小经济单位是核心家庭，核心家庭之间的差异显著。

（2）中心聚落的宗族内，也有若干家族分区居住。其中的核心家族的首长家庭，其社会权力可能跨越了本族本宗，而有权行使整个玉架山聚落及临平遗址群的神权和王权。他们死后埋葬在本家族墓地内的特殊墓葬区，与一般家族成员分区埋葬。

（3）位于权力顶端的人群，似乎只针对周边宗族领袖进行超越血缘关系的管控；而各环壕聚落内部，则仍然是以有血缘关系的模式进行管理的——如历史时期的都市与乡村的管理模式。

（4）与神权、王权对应的专门化的礼仪建筑，或者不位于中心聚落内部，或者在中心聚落内部，而仪式空间建设不明显。

4. 人口估算

目前详细发掘资料尚未公布，无法通过环壕聚落内具体的房屋和墓葬复原各时期人口规模等聚落要素，我们暂以前述的聚落人口面积常数进行推演。玉架山遗址贯穿良渚文化的整个阶段，但是在不同阶段其规模和人口可能会有变化，我们使用遗址面积进行计算，反映的是其峰值。目前揭露相对完整的是环壕 I，面积约为 25000 平方米。以 100 ~ 150 平方米 / 人的人口密度计算，总人口有 167 ~ 250 人，取其中值为 209 人。同理，我们计算得出环壕 II、环壕 III、环壕 IV、环壕 V、环壕 VI 的人口数中值分别为 80 人、80 人、42 人、120 人、67 人。因此，整个聚落群内的总人口约 598 人。这种人口规模明显大于基层聚落。

因为各聚落单元间以及周边 1 千米内都没有稻田作业地，所以整个聚落组群的粮食都是由外围供应的。如果稻米的食物构成比例为50%，即以每人每天消费 0.25 千克稻米的标准来计算，整个聚落群组年消费稻米约 5.5 万千克，以 70% 的出米率计算，合稻谷 7.8 万千克。目前通过对良渚文化时期稻作亩产的推测，由耕种技术的类比，推算当时水稻田的亩产量为 75 千克左右 。通过对水田水稻植硅体密度的推测，估算此数值为 141 千克 。如果我们取个中值，以 100 千克的亩产量来推算，养活玉架山聚落人口，约需稻田面积 780 亩，相当于 10 个茅山聚落的稻田面积总量。而每个基层聚落的粮食还有本身的人员消耗，所以维持这种不从事直接粮食生产的聚落，其后勤负担是很重的。

我们目前尚无法判断出现这种形态聚落的原因。

（二）姚家墩遗址

姚家墩遗址聚落组位于莫角山良渚古城以北的苕溪北岸，位于良渚文化时期水利工程——塘山遗址东侧，由以姚家墩为中心的 7 个台墩组成（图 4－12）。

从平面布局看，姚家墩处于中心位置，面积最大，约有 35000

单层坝　卢村　葛家村　王家庄　姚家墩　金村　斜少滩　窑廊

图 4-12　姚家墩及周边聚落

106

平方米，约呈南北长、东西窄的长方形，与周围农田的相对高度为2～3米。其东侧为葛家村、王家庄与窑廊，其西侧为卢村、金村和斜步滩。此6处台墩距姚家墩均有100米左右距离。6处台墩面积在1万～2万平方米，与周围农田高差均为2～3米。在葛家村、王家庄东侧，原有东晋港，南接苕溪，北抵大遮山山脉；在卢村与金村西侧也有名为西塘港的类似河沟。南部的苕溪，相关学者认为是良渚文化时期以后河流改道后方流经此处。姚家墩这组7个台墩的布局极为紧密，当是一组具有密切关系的台墩。

其中几个台墩已经过少量的发掘和试掘。姚家墩曾发现比较高级的良渚文化时期建筑遗迹，其周边的卢村曾发现良渚文化中期早晚两个时段的土台遗迹，早年曾发现过琮、璧、钺等重要玉礼器，表明台上曾有贵族玉器大墓。在葛家村曾发现良渚中期墓葬6座，王家庄、金村也发现与卢村和姚家墩相应时期的堆积。窑廊和斜步滩未经发掘调查，但从其位置的分布及与其余台墩的相对关系看，其为良渚文化时期遗址的可能性极大。

因此，我们可以认为这组台墩可能构成统一的聚落整体，其分布格局和玉架山遗址非常类似。目前尚不清楚这些台墩的性状，但塘山遗址东段的建设目的，似乎是将北侧康门水库所在的山谷来水导引到这几个台墩之间再向南流，同时在塘山遗址东段金村又发现了玉器作坊这种需水量很大的作坊遗迹，不免使人对姚家墩这一组聚落的用途产生一些联想。

三　一级聚落的结构与分析

一级聚落指都邑级城市。目前仅发现余杭区瓶窑镇良渚古城一处。

良渚古城具有复杂的结构体系和功能设计，而并非仅仅是围绕莫角山分布的一周城墙那么简单。从布局上看，这个城市体系从中心向外，依次有宫城、内城、外郭三重结构（图4-13、图4-14）。西北还有与此相关的水利系统，城外山间有祭坛，有近郊聚落和远郊聚落集群（图4-15、4-16）。其规划视野之开阔、体量之宏伟都令人叹为观止，是中国江南地区早期都邑城市的典范，堪称"中华第一城"。

根据年代学的研究，良渚古城从距今5000年左右开始营建，到距今4000年左右废弃，历时1000年左右，其废弃时间已经超出良渚文化的存续时间下限，期间可能经历多次的扩建、改建、废弃等。现在的考古工作尚无法精细复原这种历时性的变迁，年代学的数据只能让我们粗略知道古城各大功能区的形成先后顺序[①]：水利系统、反

---

① 秦岭：《良渚遗址的形成——年代学初步研究》，《良渚古城综合研究报告》浙江省文物考古研究所，文物出版社，2019年。

莫角山宫殿区

30万平方米

内城

3平方千米

外城

6.3平方千米

图4-13 良渚古城三重结构示意

图 4-14　良渚古城三重结构复原

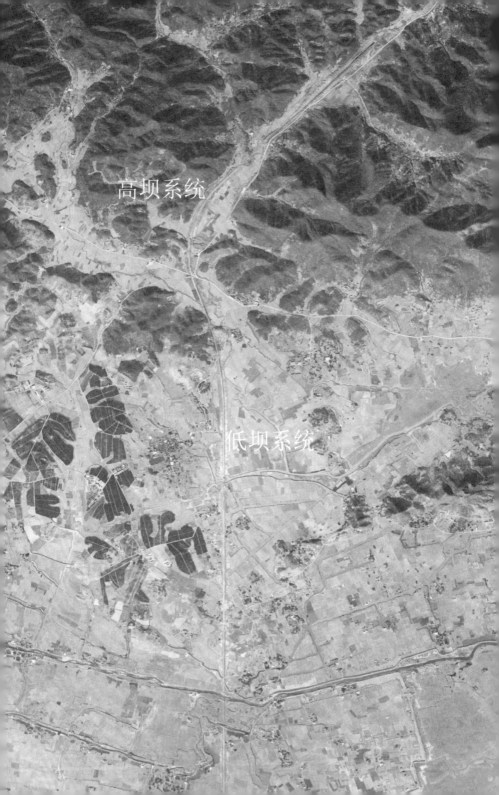

高坝系统

低坝系统

山前长堤

良渚古城

图 4-15　1960 年代卫星影像中的良渚古城及其水利系统

谷口高坝

平原低坝

图 4-16　良渚古城及其水利系统复原

宫城

内城

外郭

图 4-17　1960 年代卫星影像中的良渚古城三重结构

山、莫角山宫殿区先建造，距今 5000 ～ 4850 年；卞家山、美人地等外郭和内城墙后形成，距今 4850 ～ 4600 年。关于城墙的数据很少，不排除先有卞家山和美人地这些环状聚落的可能。但是为了表达的简洁，这里只讨论所有结构都完备的最晚阶段的聚落结构。

我们从内到外，以宫城—内城—外郭的顺序进行讲述。

（一）宫城

我们将图 4-17 中四条河道之内的区域称为宫城区。包括高度最高的莫角山、皇坟山宫殿区，反山和姜家山墓葬所在的西侧南北向高垄，池中寺粮仓，池中寺两侧的池苑水域，以及东侧李家山、北部毛竹山等次一级高地。

我们发现，与 8 个城门相通的 4 条最大的干河，正可以将上述这些区域圈成一个独立的区域。从良渚古城现代的数字高程模型上来看（图 4-18），中心部分的莫角山、皇坟山，以及西部反山、姜家山和桑树头所在的南北向的土垄高度最高。莫角山南部是池中寺粮仓和水域，除西南侧一个水路出口外，皇坟山和长垄像莫角山伸出的两臂将池中寺粮仓及其周边水域围抱怀中，说明其重要性因而需要特别严密的保护，同时也说明它们应该属于宫城内部控制的设施，类似于御

图4-18 现代数字高程模型（DEM）下的良渚古城三重格局

仓。莫角山北侧的毛竹山目前作用不明，试掘结果显示此为房屋类建筑遗迹。

总体而言，这四条干河围绕的各功能区构成了一个功能完备的独立区块，内有宫殿、广场、房屋、墓地、粮仓、池苑。区块建筑高度最大，体量最大，等级最高，居于古城中心位置。从地形上看，长条形土垄在西南侧原来应该和凤山山体连接，后被人工挖断以便河道贯通，说明这个区域的地位和独立性是被重点强调的，与周边区域判然有别（图 4-19）。该区域应是良渚古城内一个功能完备、结构独立的宫城区域，类似于后代的故宫。

（二）莫角山与皇坟山

莫角山位于古城中心，是良渚古城最大的单体构筑物。主体为长方形覆斗状土台，东西长约 670 米，南北宽 450 米，面积有 30 余万平方米，台面高度约海拔 13 米。其上又有人工堆筑的 3 个土墩，呈三足鼎立之势：位于西北的土墩为小莫角山，东西长 100 米，南北长 60 米，相对台面高度约 5 米；东北方的土墩为大莫角山，东西长 180 米，南北长 110 米，相对高度约 6 米；西南的土墩为乌龟山，形若龟背，东西长 80 米，南北长 60 米，相对高度约 4 米。

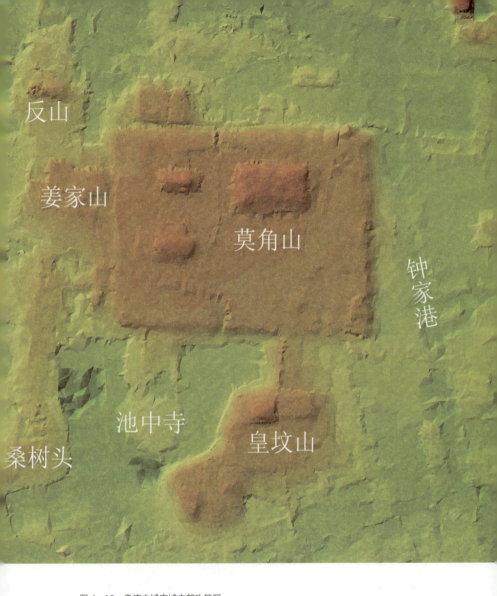

反山

姜家山

莫角山

钟家港

池中寺

皇坟山

桑树头

图4-19 良渚古城宫城内部功能区

　　莫角山土台是以西侧的自然山——姜家山的东坡为基础，向东扩展堆筑，整修为一个长方形覆斗状的高台。钻探表明，莫角山底部西高东低，西部起筑面为山坡，东部地基为坡脚的自然淤积土。因此，整体看，莫角山的堆土结构如同豆沙包，馅是湿软的淤泥，皮子是较硬的黄土。钻探显示，莫角山上三个小土台下的淤泥面也相应较高，表明从基础开始堆筑时，大、小莫角山和乌龟山的位置已经规划好，并有意将淤泥面堆高，所以整个莫角山的堆筑应该是一次性完成的。整个莫角山宫殿区内共发现房屋台基35座、沙土广场1处（图4—20）。

　　沙土广场分布于大莫角山南部、小莫角山南部、乌龟山南部及三座宫殿台基之间。广场大致呈曲尺形，分布在东西长约465米、南北宽约320米的范围内，占地面积达7万平方米。沙土广场由黏土和沙土相间夯筑而成，采取平夯工艺，夯筑层次清晰，发掘过程中曾剥剔出明显的夯窝。沙土广场夯层多的达15层，各夯层一般厚5～25厘米，夯筑总厚度30～60厘米；部分区域如乌龟山南部较薄，大莫角山南部最厚处可达130厘米。沙土广场应是莫角山内举行重要仪式的场所。

　　皇坟山位于莫角山东南侧，以一座自然山体加以修整加筑而成，整体轮廓明显修成规则的两个对角相接的方形，总体体量小于莫角

图4-20 莫角山上的建筑布局

山，但高度和莫角山一致，有小道与莫角山联通。上边也有类似大莫角山一样的长条形人工堆筑高台，称为八亩山，和大莫角山处于一条直线分布。所以，皇坟山应该是和莫角山相互联系的一处宫殿类建筑。

皇坟山基本没有进行过考古发掘。但近年在皇坟山东北侧缓坡发现过一座较高等级良渚贵族墓葬。另外，在果园场部西南角也传曾有大宗玉器出土。早年余杭博物馆曾经征集到一件和反山 M17 出土的玉龟类似的玉龟，据称也出于此处。因此皇坟山周边应至少有两处较高等级的贵族墓地。

（三）南北向高垄

西侧的南北向高垄上，北侧为反山王陵，中部为姜家山墓地，南侧桑树头地块发现大型建筑基址，早年这里还曾出土大量玉璧等，因此判断此处应该也有高等贵族墓地。

反山墓地即位于这条垄的北端，墓地东西长约 90 米，南北宽约 30 米，高约 6 米。1986 年浙江省文物考古研究所发掘了此墓地西部的三分之一地块，发现良渚文化大型墓葬 11 座，出土了大量的玉器、

图 4 - 21　反山墓葬

石器等珍贵文物，是整个良渚文化最高级别的王陵级墓地（图 4 - 21）。

　　反山的墓葬基本可以分成早晚两个阶段，早期阶段墓葬保存较好，属于良渚文化早期晚段，晚期阶段墓葬大多被平毁，其中 M19、

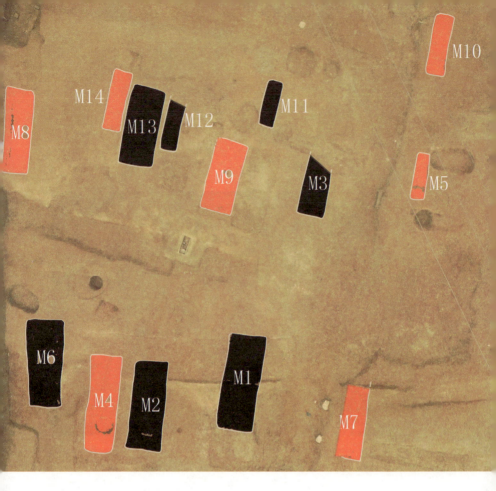

图 4-22　姜家小墓地男性墓与女性墓的分布（黑色表示男性墓，红色表示女性墓）

M21 两座残墓的年代当属于良渚文化晚期[1]，它们的年代可与城墙的营

[1]　浙江省文物考古研究所:《良渚遗址群考古报告之二——反山》，文物出版社，
2005 年。

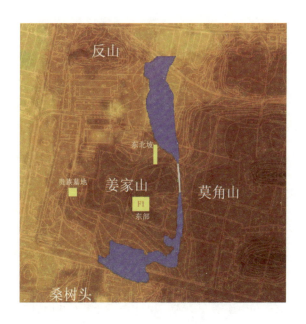

图 4 - 23　姜家山居址和墓葬的位置

建使用年代对应。反山的墓葬南北分排，头向皆朝南。根据随葬品组合上的明显差异，大部分学者都同意南排为男性墓，北排为女性墓，并南北对应，可能暗示着墓主之间存在某种类似配偶的关系。从墓坑大小看，似乎皆为成人墓。基于反山墓葬等级之高，大部分学者都认为其墓主地位相当于王与王后。

　　姜家山墓地位于反山南侧 200 米，位于莫角山的正西面。姜家山墓地共发现良渚墓葬 14 座。

　　随葬品中陶鼎均为鱼鳍形足，部分鼎足外侧边缘略厚；两座墓葬出土过滤器；豆柄均为大圈足，反映良渚文化中期阶段特征，出土玉器形态和风格与反山 M23 等出土玉器接近。可大致推断墓地年代与反山墓地相当。

　　姜家山墓地等级整体低于反山。其最高等级的男性墓 M1，大致相当于反山墓地的第三等级。此外，墓地中既有高等级贵族，如 M1、M6、M2 等男性墓主和 M8、M4 等女性墓主，也有随葬品较少的普通居民和小孩墓（如 M5、M11），这一特征也明显不同于反山墓地，而与文家山墓地更为接近，其可能是一处家族墓地。男性墓与女性墓除了随葬品外，主要以头向来区分，男性墓均头朝南，女性墓除 M7 外均头朝北，男女墓葬交错分布，与瑶山、反山墓地有很大差异，这样的两排墓葬，很可能出自同一家族的两个核心家庭。在墓地东侧，即姜家山墓地东部正中最高处，清理出一座房屋台基，编号为 F1，大致呈方形，东西长约 25 米、南北宽约 21.5 米，面积约 530 平方米，因为曾被破坏，其上未发现柱坑、基槽等遗迹。在 F1 北部钻探时还发现不少红烧土夹杂大量陶片的堆积[1]，说明姜家山的东部可能是重要的居住区。因此，姜家山墓地的主人可能就生活在这里，只是因为顶面被破坏，上边的房屋结构已经不清楚。按照 530 平方米的体量（比仙坛庙遗址等不足 100 平方米的土台大五六倍，可能不止一个家庭居住其上。）根据姜家山墓葬分两排，每排男女成员皆有，可以推断台上居屋也相应分几个核心家庭居住的概率较高。

另外，在姜家山以南的 700 ~ 800 米，长垄接近南端的桑树头位置，2018 年发现了 3 个成组分布的建筑台基。其北侧早年曾出土大量的玉璧等大宗玉器，表明这里应该有一组贵族墓葬。

这条长垄上除了这 3 处比较确定的墓地外，其实在反山南侧、原小池塘北的位置，也曾发现若干良渚小墓挂在池塘北壁，但一直没有进行清理，根据位置分析其也应该是一个单独的墓区。

....

① 浙江省文物考古研究所：《良渚古城综合研究报告》，文物出版社，2019 年。

有迹象显示这条高垄可能形成较早，应该是通过人工堆土筑垄将北侧大遮山山脊和孤丘连接，经过姜家山一路延伸到凤山。这条土垄是一条分水岭。其东部为遗址密集区，分布着数百个遗址点，其西侧基本为水坝库区，除了坝身之外，库区的14平方千米范围内完全没有遗址。最早阶段的反山、姜家山墓地即建于这条垄上，莫角山宫殿区即是依托此垄上的姜家山山体向东扩建而成的。在良渚城墙兴建之时，内城河将城圈内的土垄南北切断，形成宫城西侧的一个独立结构，其可能一直保持墓地等功能，证据是反山墓地中两座晚期的残墓就属于良渚文化晚期。后文我们会对这垄上的墓地进行分析。

（四）池中寺与池苑

池中寺遗址（图4-24）位于莫角山西侧的南部。钻探发现其底部有大面积的炭化稻谷堆积。炭化稻谷堆积分成南北两大片，呈黑灰色，夹杂大量炭灰及红烧土颗粒，南片面积达6700平方米，堆积厚度普遍约70厘米，局部厚达120厘米，北片面积达5150平方米，堆积厚度约25厘米。两片炭化稻谷堆积的总体量约6000立方米。根据以上勘探结果及随机取样所获得的稻谷平均密度（1毫升的土中包含的稻米粒数），我们对该堆积的稻谷埋藏量进行了估算。取样研究显示稻谷密度为2.17粒/毫升，假设稻谷的千粒重为15克（现代稻

图4-24　卫星影像中的池中寺

谷千粒重为 18~34 克），计算出池中寺稻谷的重量（重量＝平均密度 × 分布体积 /15 克 / 千粒）约为 195300 千克。[①] 这种炭化稻谷遗存颗粒饱满，不和一般陶片、猪骨等一般生活垃圾混杂，推测是大量集中堆放稻谷的场所——谷仓失火后形成的堆积，目前因为尚未进行大规模发掘，所以对这里的粮仓形式和布局等还无从知晓。

从位置上看，池中寺遗址的择址是经过精心规划的。该遗址的东西两侧皆为水域，池中寺台地实际是个岛(图 4－25)。仓房最怕失火，因此仓储区单独设立在水中，能最大限度避免这种危险。池中寺西侧的水域被各高地包围，仅在南侧有一个通道通向南侧干河良渚港，这样既保证了安全，粮食又可以通过水路运输而来。池中寺东侧的水域为一个人工池苑，底部明显高于西侧的自然水面。池中寺东部修有一条南北向的堤道，连接莫角山和皇坟山，既是南北通道，又起到堰坝的作用，使东侧池塘水位得以保持，可以供给整个宫殿区使用。

----

① 浙江省文物考古研究所:《良渚古城综合研究报告》, 文物出版社, 2019 年。

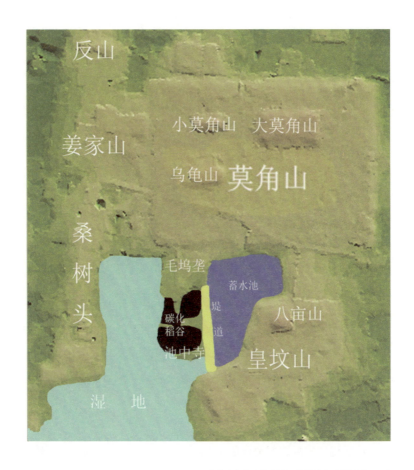

图 4 - 25　池中寺台地及周边格局的数字高程模型（DEM）

在宫城范围之内，莫角山东坡、西坡都发现过大量坡状堆积的炭化米，东坡经过钻探，算得炭化稻谷数量大概有1.3万千克。西坡数量也不少。这些位置应该不是原来仓房所在，而是从莫角山平台上抛下的废弃物堆放地。如果不存在不同年代仓房移位的情况，那莫角山上可能还有其他规模较小的仓储区，不止池中寺这一处。但池中寺无疑是最大、最核心的一个。

二　内城

内城指宫城四周的干河到内城城墙之内的区域。

（一）城墙

古城墙平面略呈圆角长方形，正南北方向，大致以莫角山土台为中心，东西长1500～1700米，南北长1800～1900米，城墙部分地段残高4米多。

在城墙四周各试掘地点所获得的地层剖面，总体结构比较一致。分析剖面可见墙体做法考究：先于生土面上铺垫一层10～20厘米厚的淤泥；之上铺放块石，铺石面宽度多为40～60米，局部宽达百米，大部分地方铺石面两端下斜，中部平整，中部之上堆筑纯净的黄

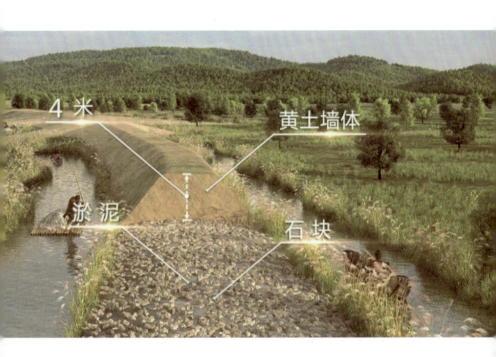

4米

黄土墙体

淤泥

石块

图 4-26　良渚古城城墙结构

土成为墙体（图 4 - 26）。目前解剖的几个地点普遍发现紧贴城墙分布的河道，我们判断这应为外城河。而在西、东两面贯穿城墙的剖面显示墙内侧也存在着类似结构的内河道，这说明古城墙采取了"夹河筑城"的营建模式，铺石面两端则常以较缓的角度深入到内外河道边。

"夹河筑城"是一种经济高效的传统营建模式，其流程是在规划建造土墩的附近开挖河沟，和外围密布的水网连通：一方面掘河就近获得了堆筑土墩所需的部分土方；同时人工河道扩大了蓄水容积，有利于雨季土墩上积水的外泄，还满足了聚落的日常用水、运输、渔猎等种种需求，是一种很通行的土台聚落营建模式。本地区史前时期可能缺乏大型畜力，没有轮式运输工具，水运显然是较人力肩挑手扛更为方便和经济的运输方式。如果筑墙时在其内外两侧同时挖沟，可使运输效率成倍提高，而完成筑城工程之后，就形成外河内壕的结构，所以这种结构一方面是古城特定营筑方式的结果，同时城河的设置也扩大了防御的范围，并具方便交通、给排水、渔猎养殖等功能，是一举多得的举措。

从比较完整的城墙剖面观察，在墙体的内外侧坡面上普遍发现数层倾斜堆积，含有较多陶片和其他有机物，地层的颜色呈灰黑色，并从坡面蔓延到内外城河近墙一侧的河岸之上。这种地层的土质普遍松软，富含各类有机质和较多的陶片，葡萄畈等地的一些地层里还发现了较多的块状红烧土。这些地层的土色土质与堆筑墙体的纯净生土判然有别。在城墙顶部遗迹基本被破坏的情况下，对两侧的废弃物进行分析，是推测城墙功能的一个有效手段。这些地层的包含物和堆积相，与一般良渚台墩类居址坡外的废弃生活堆积是一致的。在城墙圈四围的各试掘点，城墙内外坡脚下发现的那些黑灰色倾斜地层，与我们在良渚居址土台边所发现的那些生活废弃堆积层性状非常类似，多见鼎、豆、罐、盆、鬶、盉等日常生活陶器，少量可见石钺、箭镞等与军事用途相关的遗物，所以可推知这是某个时期居住在城圈之上的人群日常生活形成的垃圾。

古城城墙截面呈梯形，在保存状况较好的位置观察，城墙内外两侧的坡度很缓。以北墙解剖点（北 TG2）为例，其外侧坡角约 20 多度。因南方地区的雨水较大，人工垒筑的墙土又缺乏直立性，所以不能形成较为陡峻的边坡。现在本区域东苕溪两岸的河堤也同为土质坝，为防止崩塌，一般技术要求背水侧的坡比（坡的垂直高度与坡的宽度之比）为 1：2 左右[1]，即其坡度接近 27 度。这种坡度的选择显

----

① 承良渚遗址管理委员会王辉告知。

图 4-27　良渚古城场景复原

然是经过长期实践考验的科学结果，因此推测同为土质结构的良渚城
墙的内外侧坡度与之类似。钻探得知墙体地基宽度 40 ～ 60 米，残存
高度 4 米多。考虑到几千年来的水土流失，其原高度当不低于 5 米。
如以 5 米高度，按 1 ∶ 2 的坡比计算，即使在地基最窄的 40 米位置，
其墙顶平面宽度也在 20 米左右。近年，我们在北城墙探沟东侧的墙
顶，发现了两个长方形的台基，这应该就是房屋建筑的基础。由此可
知，城墙上是住人的（图 4 - 27）。

钻探发现，城墙底部垫石层宽窄不一，一般宽 50 米左右，但每间
隔一段距离，常有长缓坡向内外侧延伸出，这些位置总宽度近百米，
因此，俯视可见城墙边缘呈凹凸状。这些由城墙伸向城河的缓坡是方
便城上居民上下城河的通道，类似于河埠头或码头。

考虑到本地黄土缺乏直立性，南方多雨的条件下土筑城墙的壁面
不可能过陡，而很可能是一种缓坡状。从西墙和北墙剖面看，墙内外
侧与现在土筑的苕溪大堤的坡度类似，可轻易走上顶部。因此仅凭墙
体本身形态，要起到完全阻挡外敌侵入作用的可能性很小，至多只能
起到延缓敌方进攻速度的作用。因此真正起到保卫作用要依赖于墙体
上的其他辅助设施和大量人员。这也可以解释城宽何以要达到 40 米
甚至百米，因为如果仅要形成护卫作用的墙体，如果外壁面足够陡

峭，则根本无须如此厚度，如果因为要达到某个足够高度而加宽基础，则意味着墙体壁面必然是较缓的，应该起不到御敌于外的作用。所以良渚人费时费力垒筑如此宽度的城墙的原因指向了一种可能：原来在其上就设计有居所的功能，而两侧通往内外壕的缓坡，则是方便人们用水和交通的。

所以，良渚古城的城墙和一般观念中历史时期作为军事防御设施的城墙形态和功能差别很大，是南方早期都邑的一种特别设施。

（二）城门与水道

我们由钻探获知，良渚古城北、东、南、西四面墙体都各有两个缺口。有的缺口现为低平的稻田地貌，其下没有块石和黄色墙土分布，为淤泥堆积，显示为古代水域，与城内外的古河道连通；有的缺口现在仍贯穿河道。这些缺口应该就是古城的水城门（图4-28），如南墙西门和东墙南门间，今有良渚港穿过。我们曾分别在良渚港南北两岸的小山桥和响山两地点，发现了良渚文化晚期的河岸堆积，说明今良渚港的格局在良渚文化晚期就已形成，几千年间没有发生大变化。其他水城门的河道多已湮没，但附近常见断续分布的水塘等旧河道的孑遗。通过对北墙东门所在的火溪塘地点进行发掘，该地点堆积

图 4 - 28　南城墙东南水门复原（从城外向内看）

显示为一种河道状结构，其间有埋藏着完整陶器的木构贮藏坑，年代也为良渚文化晚期，此门的水道与北墙南侧的水塘连接，证明此长条形水塘实为古城内城河的一部分。因此可知良渚古城四面共有 8 个水门，经由这些水门的城内外的河道相互连通，构成完整的水上交通体系。

目前在南墙中部略偏东位置发现有一处由三个墩台形成"品"字结构的小缺口，可能与陆城门相关。对此，目前正进一步试掘了解详情过程。总之，良渚古城的主要交通系统为水上交通是确定的。

城墙本身是作为居住台地而设计的，结构上它被 8 个水门等分割成独立的 8 段，可以理解成 8 个独立的居住区。

(二) 内城的结构分区

4 条干河以及其他河道，将宫城之外的内城区分割成若干区块。我们发现这些区块普遍经过人工垫高，所以比城外区域地面要高 1 米左右。这些区块除了河道作为边界外，有的还存在围墙类的设施，说明在城墙这个统一边界之内的各小区，也存在一定的独立性。

城内的干河中，南部的良渚港现在仍为河道；东部的钟家港已经

图4－29　钟家港遗址沿岸作坊场景复原

基本淤塞，为配合古城申报世界文化遗产（下简称申遗）要求的防洪工作，整体做过较大范围的清理；钟家港河道发掘区分北中南三段。

　　钟家港南段和北段由于紧邻两岸台地，所以河道堆积中存在大量的陶器、石器以及木器等遗物。钟家港遗址南段西岸的李家山台地边缘揭露出保存良好的木构护岸遗迹，而同期河道的东岸没有这么考究的河岸设施。在一处水流平缓的河道，这种两岸设施的不同可能不是出于实际功能的需要，而是对应着两个区域等级的高低：西部李家山台地属于宫城区，东部钟家村台地处于宫城以外的内城区，级别较低。东部钟家村台地上发现大片的红烧土堆积，台地边缘堆积中出土了较多黑石英石片、玉料、玉钻芯、石钻芯等遗物。这些遗物和各类陶片、有机质垃圾混合在一起，说明此段河岸台地应该主要是负责玉石制作的手工业作坊区，并且居住区和作坊区相混合，经济单位可能就是一个个家庭作坊。目前河道堆积出土物较丰富，出土位置主要靠近东部台地，因此我们判断有较多人口生活居住在河道东岸，可见当时手工业者的家庭密度较大（图 4-29）。而宫城区的李家山台地可能人口较少。

三　外郭城

外郭由若干具有独立功能的区块组成：城北有扁担山—和尚地一组东西向高垄，并与前山连接；城东南部外侧，由美人地、里山—郑村、卞家山分别构成北、东、南三面墙体，形成一个长方形的结构，并和古城的东墙和南墙相接续。从卫片观察，城西南角也存在着一个体量较小、围护着凤山的框体。城墙东北转角雉山外侧，也有类似结构存在的迹象。从整体看，这些区块虽然都围护在内城之外，但彼此并不构成如内城墙般标准的一个完整的圈，而是强调各区块的独立性（图 4-30）。

图 4-30　数字高程模型显示的良渚古城外郭结构

145

发掘表明，现在的美人地和里山台地是良渚文化晚期的长条状居址，经多次扩建堆高而成。

美人地位于地势低平的湿地环境。先民堆筑高地，下层堆筑土采用青灰色淤泥，上铺较致密的黄色土成为居住面，再于其上建造房屋，现尚存有沟槽、柱洞等遗迹。下层的青淤泥可能取自土垄外侧的平地，从而形成人工河道。美人地台地上发现有东西向并列的两排建筑，两排建筑间有一道宽约 2 米的沟，沟底铺有一层灰土，当为两侧建筑使用过程中形成的废弃堆积。美人地土台原来较窄，后来向南拓宽了 10 米多。南排房屋南墙位置就落在扩建的斜坡上。扩建的土堆要筑在松软的淤泥上，为了防止下陷，所以挖了沟，底部放置了考究的枕木和垫木，再在垫木上竖立木板，作为建筑南墙的承重设施。这些木板宽 20 ~ 30 厘米，厚 8 ~ 13 厘米，存高 170 余厘米，其下部为垫木，垫木下隔一定距离铺有横向枕木，垫木、枕木都为方木。木板表面加工规整，部分留有石锛的加工痕迹。在竖立的木板上部和底部方形枕木头端发现"牛鼻孔"4 个，或与木材运输有关（图 4-31、图 4-32）。在河道及北排土垄的北侧的废弃堆积层中，出土了大量陶、木、石、玉器等生活遗物，其中有精美的刻纹黑皮陶、彩陶、漆器等。这些堆积，和城墙两侧的堆积内容类似，应该属于一般生活废弃堆积。

4-31（上） 美人地遗址出土的长排板桩

4-32（下） 板桩细部

卞家山遗址为东西向长垄状遗址，东部在 2002—2005 年进行过发掘，发掘区内发现良渚文化中期墓地，相关居址情况不明，其南部良渚文化晚期河道及相关的木构埠头遗存保存较好。

良渚文化中期阶段可能因取土而垒筑了卞家山这条长垄。当初人们可能先在南侧位置挖掘出最初的一段河沟，方向上与长垄平行，河沟西端拐头与南部水域相通。良渚文化晚期时，沿着河道的南缘堆筑一个土台，土台以 20 厘米见方的草裹泥块层层堆砌而成。西部仍保留河沟与南部水域的通道，故土台的北、西、南三面临水，呈半岛状。土台上发现了房址、灰坑。房址呈方形，尚存大体闭合的基槽，有隔墙和灶坑，面积约 16 平方米。房址西侧有一"8"字形灰坑，内填草木灰和含炭屑的粗砂土，应是与房屋配套的设施。土台南侧濒水，共发现木桩 140 余个，大致呈曲尺形分布。多数木桩东西向分布于岸边，大致呈 3 排，局部位置排列规整。其西端有一批木桩密集成行往南部水域伸展，宽约 1 米，长度达 10 米。这垄木桩两旁各有一排人工打入的苇秆，排列紧密。木桩直径多在 5～15 厘米，最粗者超过 21 厘米。从木板、木桩、木条等残件来看，桩木之上应曾有横置的木板和木条以供通行。而沿岸的木桩可能为与房屋建筑同时的水边埠头遗迹。西部外伸的木桩根据其排列特征和附近出土木桨的情况，极可能是 1 个依托长埠头的码头（图 4－33）。码头两旁各有 1

图 4 - 33 卞家山遗址木桩遗迹与土台、水域位置

排竹篱笆，排列紧密，当为码头的护栏。

土台北面的河沟呈东西向，两端伸出发掘区，故而总长度不详。开口宽度约 13 米，深 1.6 米。沟内堆积分 5 层，以青黑色的淤泥为主。淤泥南侧发现东西向布列的木桩 7 个，压着 1 排席状物竹编，应为河沟使用过程中某阶段的南岸护坡。河沟与南部水域连通，其功能当与水上交通及北部高地区域的排水有关。

我们在河沟及南面水滨的淤泥层内发现大量遗物，陶器残片数以万记，并有大量石、木、骨、漆、竹制品等，另采集到大量的猪、鹿、牛等动物骨骼，发现一块带有转角的木骨泥墙残块，以及一个陶质房屋模型的屋顶部分——此为重要的建筑研究资料。一些黑皮陶器刻有精致的细刻纹和各类符号。盘、觚等漆器制作精美。

前述岛状土台上仅发现房址 1 处，面积 16 平方米，房内有隔间和地灶，外有灰坑，可能对应着一个普通的核心家庭或扩大家庭。而其南面的埠头和码头栈桥规模较大，其下淤土内各类废弃物数量巨大，应该对应着较大的人口规模。据此推知，码头和埠头可能是整个聚落的公共设施，而非这个家庭的私有财产。进一步推论可知，营建这种位置特殊的伸入水域的土台，可能主要目的并非在于建造房屋，而在于方便码头和埠头设施伸入到水域的较深处，以保证在干旱季节也能获得较为洁净充足的水源，方便居民洗涤、取水，同时保证低水位时舟船仍可方便靠岸。这样看来，这个土台就很可能是聚落公共建造的，居住于台上的家庭则可能与维护管理这种濒水设施，或者从事某种与行船有关的生业（如渔猎）活动存在关联，主要的居住区应该还是位于长垄本体之上，只是发掘面积限制未能揭露。

　　2017—2018 年，因配合申遗需要，我们将卞家山发掘区西侧的长垄进行了搬迁改造，在今中联园区 2 号楼进行随工清理，目前发现残存的建筑房基，以及围绕其分布的墓葬，其格局类似仙坛庙遗址长条状土台的各核心家庭居住和埋葬的模式。美人地遗址台面上发掘面积很小，但推测也应采用类似的居住模式。

总之，外郭的框体本身也是人们堆筑成作为居址和墓地的，框体之内的是低平的湿地，没有居址。框体上居民的居住方式，和内城大部分被垫高的块状居住区有所不同，是一种堰居式的形态。外郭框之内的湿地，经过勘探和分析，没有发现稻田等的作业地，与太湖平原历史时期著名的圩田形态不同。推测这种特殊聚落形成的目的，无非是在相同数量的人口下，令建筑围护的范围更大而已。同时，这些框状结构又各自分成若干独立的小区块，这应该是其上居民属于不同的宗族组织的缘故。

四　良渚古城社会组织推测

我们现在可以看见，良渚古城的宫城、内城、外郭的 3 个层级形成由内向外逐步降低的梯级结构，但这只是它的形式和结果，不是其形成的动因。而只有对良渚古城社会组织进行深入解读，才有可能找到一把钥匙去揭开这个激动人心的 5000 年前的秘密。

可能是一般的解说过于关注高等级遗存，使人产生一些错觉：莫角山是最高贵族生活的宫殿，反山是其死后的专用陵墓，需要举行祭天观象的时候他们就去瑶山、汇观山祭坛，他们还直接控制了塘山和中初鸣这样的玉器作坊——但是，这种我们想象中的类似后代皇帝式的管理机制，实际上很可能和良渚文化时代真实的社会组织关系是有很大区别的。

　　首先，良渚文化社会历时 1000 年，就古城营建开始的 5000 年前到良渚文化结束的 4300 年前之间，也有 700 年的跨度。作为一个持续使用的都城，必然经历了很多的变迁。而上述这些重要遗址点，并不具有一一对应的关系，只是作为良渚文明整体性高度的证据，从各自的时空位置和情境中被拎出来。因此恢复其各自真实情境是分析良渚古城社会组织关系的前提。因为历时性的变化太复杂，我们认为古城各结构有一个逐步兴建和完善的过程，现在仅就古城结构完备的阶段进行分析。

　　宫城之内莫角山这个最大体量的宫殿区的西侧条垄上，还有反山这种最高等墓地，这似乎构成了完美的王者由生至死的空间格局。但是实际上姜家山墓地的发掘就让这种"完美"的想象遭遇尴尬：位置上，它比北侧的反山更紧贴莫角山，两者就是分别依托同一座自然山体的东西两侧修筑的，只有一条人工沟区分出两者的界线。姜家山的墓葬年代和反山下层墓对应，也就是说其和反山与莫角山具有共时性。其等级总体不高，相当于反山最低级别，和基层聚落比，也仅略好。同时，反山南侧水池上发现小墓，意味着这条长垄上，在莫角山使用时段内，既有反山这种最高等级墓地，也同时有桑树头、姜家山等中等和普通墓地。这段长垄不但是在城墙之内，还在四条干河之内的宫城内，其明显属于核心区域。因此，这个最高等级的建筑空间里面生活的人群等级之混杂非常令人迷惑。但是当我们把宫城和前述二级聚落玉架山遗址的环壕Ⅰ进行对比时，问题就会豁然开朗。这四条干河，相当于环壕Ⅰ的四面环壕，宫城就相当于一个超级豪华版的环壕Ⅰ聚落，这里边活动的人群，属于同一个大宗族。南北长垄，可看成相当于环壕Ⅰ中部那排东西向的砂土建筑1及其墓葬，只是排列形式逆时针转了90度，也就是说南北长垄就是宫城内宗族中的核心家族居址及墓地。

回顾下玉架山遗址的砂土遗迹及其北侧的墓葬情形，这个家族内担任整个临平遗址群区域级别行政和宗教职能的贵族，被依次埋设在整个砂土台的北侧东部，而家族内其他未担任重要公职的人员，以两个核心家庭的单位，分组埋在同一砂土台的西侧。南部的砂土台上是这两个核心家庭对应的房屋居址。因此，我们可以将姜家山及其东侧居住土台，南部桑树头及其附属土台，以及反山南部水塘北侧尚未发掘的小墓所代表的垄上人家，视作这个王的家族中未担任行政和宗教功能的一般成员按照核心家庭或者扩大家庭的形式，分别形成的居址和家族墓地。同理，宫城之内的皇坟山西南侧的台地，北侧毛竹山等台地，也有可能就相当于玉架山遗址的环壕Ⅰ中第一和第三排墓葬所代表的家族，其和西侧长垄上的家族具有血缘关系，但可能是一开始不属于继嗣主系统的家族，当主系统的继承出现变故，比如没有继承人等情况下，这些支系统则可能起到作用，从而出现国王或者大巫之类的角色；同理，这些人死了之后，也应该埋葬在各自家族墓地中特别的葬区。这就是皇坟山出土玉龟等的墓葬，以及余杭博物馆征集到凤山高等级玉器所出的墓葬分散分布的原因。

宫城之外，内城的各大小河道将城内其他人工高地，以及具有居住功能的城墙本身，分成若干的区块。我们很容易将这些被河道所环绕的区块，联系到玉架山聚落中那些围绕环壕Ⅰ分布的环壕Ⅱ~Ⅵ。两者的区别是，玉架山的各外围环壕，和中心的环壕Ⅰ保持了一种几十到上百米的距离，呈现一种从属关系下的较强独立性。而良渚古城宫城这个超级环壕的外围，这些环壕聚落的独立性进一步丧失，与中心聚落间的空间距离消失，仅由一条河道相隔。根据钟家港河道的发掘结果，推测这些台地上主要分布着各类玉石器、骨器、漆木器的作坊，工具和半成品与各类生活垃圾混合堆积，可推测出上述台地上大致应该是家庭作坊式手工业从业者的居住地。

目前因为对这些内城台地的发掘尚未进行，城墙顶面的遗迹破坏严重，所以对其内部性状的认识还很少，不知道是否也是和玉架山遗址的环壕一样，是具有居住和埋葬功能的基本结构。按照对宫城和外郭的分析，我们推测居于中间的内城区各区块也应有类似的功能。日本学者通过对钟家港河道内人骨进行的锶同位素食性分析，发现有几个个体以小米作为主食，和本区域以大米作为主食者显然属于不同的人群。之前分析可能是遥远的北方地区的人口以某种方式来到古城：或者是作为居民被杀，或者是作为俘虏被杀，这说明当时人口的移动半径很大。近来浙江省文物考古研究所在植物考古方面进行了大量研究，并在浙南山区的良渚文化遗址中发现了小米。这说明这一时期在古城周边几百千米的山区—不适于种植水稻的区域，可能就生活着种植食用小米的人群，这样的人群属于来到古城的外来人口的可能性更高一些。当然，这些人应该和宫城内的人群不太可能有直接血缘关系。

内城之外的外郭，最显著的特点是呈现各自独立的框形条垄居住和埋墓的聚落形式，中间的低地保持湿地原始形态，并未开辟为稻田。这里的人群之所以采取条垄状居住的模式，实际上是因为在相同的人口数量下，框形条垄围护的范围最大。各个框子彼此独立，说明各自属于不同的宗族。这些宗族和内城的人比较起来，和王族的关系应该更疏远，级别也更低一些。

再来看一看宫城之外的聚落。前面提到过的姚家墩遗址，可能具有典型性和代表性。分析之前，我们要忽略掉东苕溪这条现在最重要的河道。现在研究认为，东苕溪是汉唐以后人为改道形成的干河，在良渚文化时期应该取道大雄山以南，与古城没有关联。当我们在平面图上隐去这个干扰，可以发现姚家墩遗址那一组七个土台形成的聚落可能还包括今天东苕溪南侧的更多台墩。前文已经叙述过，它们围绕着姚家墩为中心密集分布，聚落组织总体结构和玉架山遗址一致，只是玉架山遗址以环壕作为彼此的边界标志，这些是以台墩形式来表现的。与地势平缓的玉架山遗址的自然地貌条件不同，这些台墩位于北侧大遮山和南侧大雄山之间，洪水来时更为凶猛。这一组也没有经过比较大面积的发掘，但是葛家村发现了良渚文化时期的墓地，芦村发现了良渚文化时期的土台和墓葬，姚家墩发现了良渚文化时期的红烧土建筑。这些可能在暗示我们，这里的每个聚落单体也是和玉架山遗址一致的，它们的组织和运转形式可能也是类似的。这一组密集的聚落体量和集结形式虽与玉架山遗址差别不大，但整体的等级和规制要低于良渚古城城区，这不禁使人联想到战国时期《周礼·考工记·匠人营国》中的记载："宫隅之制，以为诸侯之城制。"

反山墓地目前只发掘了西侧一半，良渚文化时期墓葬 9 座，良渚晚期时把整个墓地堆土覆盖住，重新埋设了另一批贵族墓，这批墓葬大多被晚期的墓葬破坏，仅有 2 座残墓，具体情形不明。这暗示了在良渚文化晚期阶段以前的居住模式可能发生了变化。埋在这里的墓葬主人不一定是早期家族的后裔。根据测年所得数据的分布情况，我们看到目前良渚古城的年代数据，似乎在早晚期之间存在一个空白期。同时，大量的散乱人骨非常不正常地出现在城内外各河道中，有的被砸碎，有的头颅带着两节颈椎，应该是被砍所致。城内的河道内留有此类遗存，似乎暗示着古城中曾经发生过很严重的暴力事件。这种变化的前后，古城整个人群和格局发生变化的可能性是存在的。

从区块功能的角度看，良渚古城的宫城与玉架山遗址环壕Ⅰ的最大区别在于前者有莫角山和皇坟山这种超大型的公共礼仪性建筑，环壕Ⅰ内贵族墓葬区南侧的土台已被破坏，即使是有公共设施，最多也就和西侧居住地一样，体量很小，也可能根本就不存在分布在宗族聚落内的公共礼制建筑。因为等级的不同，良渚古城实际上是一个国家层面的中心都邑，所以其公共仪式建筑规模巨大。

五 对于良渚古城选址依据的宏观考察

从良渚文化在太湖流域的总体分布情况来看，良渚古城所在的位置，并非该流域的地理中心，而是明显偏于南隅，在浙西丘陵山地与浙北平原的交界地带：西依天目山，南北均为天目山余脉挟持，向东呈开放状，是一个东西长约 42 千米、南北宽约 20 千米、总面积约800 多平方千米的三面环山的 C 形盆地，同时杭州东北部的半山、超山、临平山等山丘位于这一 C 形盆地的口部，使这里成为一处相对独立的平原（图 4-34）。良渚古城在大的区位上选址在这里，应该与资源和环境因素关系密切（图 4-35）。

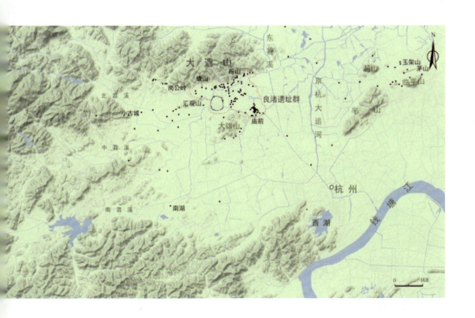

图 4－34　C 形盆地及其内的良渚文化遗址分布

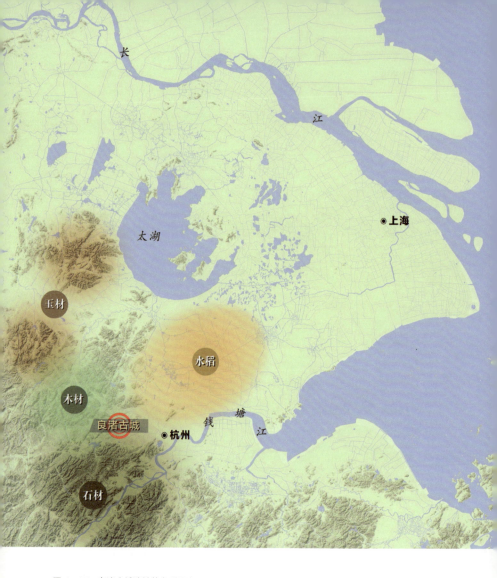

图 4-35　良渚古城选址的有利因素

160

（一）食物

　　民以食为天，良渚人的饮食可以用饭稻羹鱼来概括。稻米作为主食，前面我们已经充分叙述了良渚人因为追求稻作便利而向太湖平原腹地持续性移民的内在逻辑与宏大规模。良渚古城东部为 C 形盆地中央广阔平原，通过密集的太湖水网与杭嘉湖平原和苏南平原连成一体。历史上有"苏湖熟，天下足"的说法。考古发掘所获证明从崧泽文化末期开始，良渚古城附近的湖州地区是最早推广先进犁耕技术的地区。良渚文化时期，此区平原上遗址密布，其中大量都是从事生产的基层聚落。古城东部的临平、茅山发现了大规模的稻田，面积有 82 亩，有复杂的灌溉水渠。在良渚古城的池中寺遗址，发现重量达 20 万千克的稻谷遗存，充分说明周边有充足的稻作产量。良渚古城以东与庙前遗址以西的中间地带，西侧水利系统低坝下的南山等位置，也发现了可能也是稻田的遗迹，这些都实证了良渚文化稻作生产提供的广阔空间。

　　除植物性食物提供人类必须的淀粉外，动物性蛋白也是必不可缺的。动物考古研究结论证实，良渚人的动物性食物构成中，除家养的猪，还有鹿类和各种淡水鱼等水生动物，但几乎不见海洋鱼类。本区域东部平原地区沼泽河网密布，为良渚人提供了丰富的渔猎资源。

（二）玉料

今天我们讲的玉，一般是指具有交织纤维显微结构的透闪石和阳起石系列闪石玉，即软玉。软玉在良渚时代不是一般的材料，被视为特殊的神物。良渚文化区被称为神王之国，是有着统一信仰和鲜明礼制的复杂社会，玉器就在其间承载着重要的社会功能，从而成为良渚人最为重视的战略资源。

在良渚人的眼里，玉是人神沟通的载体。夫玉，神物也。人们将透闪石和阳起石类的矿物从一般美石的范畴中独立出来，赋予超过自然属性的概念，令其成为观念的承载物。良渚人的玉并不是一般装饰品，而是雕刻上神徽作为沟通天地的载体和法器的。同时，玉器又成为区分等级高下的依据。总之，因为玉器在良渚文化社会中被用来统一信仰，聚合人群，规范等级，故而其成了良渚阶级社会的核心载体和资源。中国古代社会最重要的资源，比如青铜在商周时期首先也是用于礼器制作，而不是用于制作武器和工具，玉在良渚时代的意义亦当如此。

将一种自然矿物赋予特殊的人文概念，这其实与崧泽文化、良渚文化时期人类观念的一次巨大转变密切相关。

　　玉为石之美者，在东亚万年前就被加工成装饰品，用于装饰身体，寄予信仰。从矿物学的角度，崧泽文化晚期之前，玉的概念是比较宽泛的，被认为是"玉"的矿石以玉髓、玛瑙类为主，也有叶腊石、透闪石等。这时候透闪石只是各类称为"玉"的美石的一种，其制品在数量和器形上并未显示出特殊地位。到了崧泽文化晚期，伴随着本地区人类上述的那次大迁徙，透闪石玉完全从其他美石玉中脱离出来，显得鹤立鸡群：它被赋予了特殊的观念，用这种材料制作的玉器，成为信仰和礼仪的标志物，同时形成了一套特殊的加工技术体系和玉器组合规则。

　　统计显示，美石玉时代的玉器类型，主要是玦、璜、管之类小件器。其加工工艺脱胎于石器加工技术，多采用击打成坯法单件成型，细部加工采用管钻（用空心钻具钻）、桯钻（指用实心钻具钻）、线切割和片切割等：就是用骨管、竹管，或者线绳、木石片等，用水沾上解玉砂，加压在玉材上施以有压力的运动，因为砂的硬度较高，一般莫氏硬度为7，而玉材硬度较小，故他山之石可以攻玉，从而达成切割的效果。从效率的角度讲，击打成坯效率高但浪费材料，打下来的都是碎屑，难以二次利用。管钻、线切割和片切割等技术，可以精确控制加工形态，下脚料形态规整，可供二次使用，但其劳动效率极低，当时只用在击打法无法施行的玦口切割、钺孔开孔等加工阶段。

到崧泽文化晚期直至整个良渚文化时期，对于透闪石玉，都直接采用直接使用片切割和线切割法的柱状成坯技术。线切割和片切割法本质上就是不惜投入大量的超额劳动量获得玉材的最大利用率。我们发现很多良渚大型玉器的器形不甚规整而不加以修制，这正是出于其珍视玉材本身甚至重于器物外形的价值观表现。

良渚的玉器闻名于世，其主要类型有琮、璧、钺等。在整个良渚文化区内，玉器种类和纹饰母题等高度统一，有迹象显示可能存在着玉琮等高端礼器统一分配的网络。其加工与石器完全不同，为了保持材料的最大利用率，全社会投入了巨大的劳动力。同样为了珍惜玉料，良渚人有时为了保存最大展示面积，对于外形上的小缺陷不予修整。上述种种，都说明在良渚人心目中玉超乎一般的重要性。因此，玉矿必然是良渚贵族阶层最为关注的资源，其开采使用应该是垄断的。

与良渚玉器加工场相关的遗址，在良渚古城的钟家港、塘山、吴家埠、德清杨墩、木鱼桥、中初鸣遗址等多处均有发现，这证实了本区域在良渚文化时期玉器作坊分布广泛，是玉器加工的重要地区。

目前，尚未发现确凿的良渚玉矿。但是在《山海经》上，天目山被称为浮玉之山，意即浮在太湖（具区）之上的玉山。最近我们联合浙江省地质调查院做过调查，得知在整个浙江省范围内，只有在良渚遗址西侧的山地内才存在玉矿的成矿条件。根据地质学研究，玉矿是在大的花岗岩岩体周围，含碳的灰岩等围岩在热液的作用下进行交换而形成的。而这一地质条件在整个浙江省范围内，只有在天目山系的某些区域内才具备。幸运的是，我们已经在初步的调查中发现了重要线索，采集到了很接近于软玉标准的透闪石玉标本，这些使找到良渚玉矿成为可能。而在上海嘉兴等平原腹地几乎没有山体，虽然有稻作生产的丰富空间，却没有玉矿资源。中村慎一等认为，上海和江苏地区的某些琮可能就是从良渚古城流传过去的。因此，良渚遗址群的玉矿资源优势，可能是其文化发展水平整体较高，成为区域中心的核心原因之一。

（三）石料

在金属工具出现之前，石器是人类最为重要的工具形态。我们最近对整个 C 形盆地内出土（采集）的，收藏于余杭博物馆、良渚博物院和浙江省文物考古研究所几乎所有的良渚文化石器，总数约 2500 件，进行了一次全面岩性鉴定，并对周边区域现今所产石料也进行了岩性调查。分析发现，不同的石器类型是由不同的石材制作的。其中用于制作石锛、石凿这类主要木作工具的石材，最主要的是一种带条纹的硅质岩。在浙江省境内，这种石材很可能只有良渚遗址群西南侧的南苕溪和分水江流域才有分布。而在分水江的下游，正有桐庐方家洲石器加工遗址，这里的河滩是马家浜、崧泽文化时期的石料采集和初加工营地。同时发现 8000 多年前的跨湖桥遗址，7000 年前的河姆渡遗址均已开始采集这类石头制作工具，石料应该也是从这一区域采集的，所以这里是有很长时间传统的固定采集点。我们在良渚古城内钟家港两岸，毛竹山，外郭文家山，城郊的百亩山，石马兜等地都发现过石器毛坯、石钺钻芯等，以及其他砺石等工具，现场没有石片堆积。而在方家洲遗址却只发现了大量打击的石片堆。同时根据我们对方家洲遗址边河流源头的山体调查与实验，证明人们并不从源头开采山料，而集中在河流中下游河滩采集砺石。根据我们的实验，山料采用打击法成坯时，约百分之九十会不规则破碎，无法成型；而河滩上的砺石实际上已经过远距离的自然搬运，其间脆弱的部分已经逐步崩解，剩下来的是岩石最致密和坚固的部分。因为石器大部分都是实用工具，需要持续受力，所以牢固度很重要。而自然的选择帮助人们获得了最为适用的石材，所以富集砾石的河滩成为最合适的石材采集和初步加工地。另外在良渚文化时代，水上交通是最经济的运输方式。晚到清代，从安徽绩溪县到杭州，走分水江水路大概需要 4 天，翻山走旱路要半个月。因此，从经济性上考虑，水路肯定是当时石料运输的主要路径。另外，部分石器如花石钺等被用作礼器，可能说明色彩、花纹等形态特征也是重要考量指标，而固定的岩石品种和来源或许也被纳入其中。良渚文化墓葬中，男性墓葬中最常见的典型随葬品一般都没有使用痕迹，属于明器的范畴。其中，贵族墓中常见舌形大孔的厚体花石钺，质地有泡沫熔岩等，可能来源于良渚古城西侧的余杭仇山和富阳一带。平民墓中常见的薄体带刃角的小孔石钺，材质一般为硅质泥岩，这些石料在良渚古城西侧山地也有固定的来源。

（四）木材

与西方建筑取材以石材为主不同，中国建材多为土木。考古发现证实，良渚人的生产生活中，木材的使用量极为惊人。

良渚文化时期墓葬葬具无论贵族平民，普遍使用巨木独木棺，贵族墓葬中还有木椁。良渚人的日常生活设施：河岸、码头、水井、窖穴、房屋等都使用了大量的木材。如水井内常有木质井圈，在井圈和土坑之间填埋砂石、陶片作为过滤层。在嘉善新港遗址曾发现用巨形独木掏空做成的井圈，在建德庙前村则发现了用大型方木拼合叠砌成的组合式井圈。良渚文化遗址的河岸中，普遍使用木桩护岸；良渚古城钟家港南段西岸的木桩顶部还用带卯孔的冠梁固定；在美人地遗址，我们发现了方形枕木为基础，上立扁木桩板，顶部可能也有冠梁固定的建筑结构，钻探结果显示其长度可能上百米；卞家山遗址也发现了木构码头。良渚的舟船、工具、武器等，也都系木质为主。

良渚文化时期的宫室房屋都为木构、草顶、木骨泥墙的形式。普通民居中，庙前遗址发现的一座中形房屋，共有两圈柱坑，26 根柱子，直径 17 ~ 27 厘米，底部有木板柱础。宫殿区建筑中，小乌龟山下发现建筑的成排柱坑 32 个，最大的柱坑直径 60 厘米。大莫角山土台底部发现大型方木纵横拼接构成的网状结构，深入到台底部，可能是防止下沉的地梁。莫角山顶部已经发现大约 35 处房屋基址，大者面积 700 平方米，可以想象其上建筑数量众多。在莫角山东坡钟家港河道内，发现多根巨型木头，其中有的已经被加工成方木，一根还是圆木。经鉴定，木料有麻栎和蕈木。麻栎高可达 30 米，胸径达 1 米，一般生长于海拔 60 米以上的山地阳坡，现在瑶山北侧的山坡上即有分布。蕈木一般生长在海拔 500 米之上的高山，在古城附近，只有西侧才有符合条件的山地。其他良渚文化时期的大型建材用木中，青冈栎也长在海拔 60 米之上的山坡或沟谷。因此，建设大型宫殿的用材，基本上都是在山地之中才有产出。在钟家港、美人地、卞家山遗址出土的很多木头上，都凿有"牛鼻孔"，有的孔内还留有绳索，说明这些木材是经水运方式运输而来的。

（五）安全

良渚文化时期周边文化圈中比较强势的是北方海岱文化圈。从地缘角度来看，良渚古城城址在良渚文化区城址南部边缘位置，西部、南部都是人口稀少的山地丘陵，北部大遮山成为天然屏障，东部不远就是杭州湾，是整个文化区中距离外部强势文化最远的地区。

从本土区位关系的角度来看，良渚古城遗址处于 C 形盆地的北部，南北分别峙立着大遮山和大雄山两座天目山余脉，西部散布着汇观山、窑山、南山、栲栳山等一系列山丘，这 4 处山体均距古城约 2 千米——古城营建以山为郭，处在一个相当安全的位置。

（六）交通

良渚文化时期尚未有轮式交通，水运是江南地区最为重要的运输方式。良渚古城是一个大型都邑，其城市建设、物资流通、后勤保障、人员交通主要依赖水路运输。这一地区东部水网平原河流密布，有大河通向太湖平原腹地，交通便利。从良渚古城沿河流顺流而下，到达太湖只有 60 多千米水路，进入太湖后则可以上下长江，通达四域。洞悉这种交通之便与地理之优势，我们或能理解良渚古城成为太湖流域良渚古国都城之选的原因——隐于山野，兼及天下。

（七）不利因素及对策

事物都有正反两面。良渚古城营建在此，尽管有着安全便利和资源汇聚的有利因素，却还面临着一个巨大的风险：水。

与平原地区不同，这里临近丘陵山地，处于山溪性河流的下游，易于受到山洪的影响。而古城西北侧的天目山系是浙江省的两大暴雨中心之一，现在年降水量达到 1600 ~ 1800 毫米。良渚文化时期气候可能比现在更湿热一些，此次数值估计有 1800 ~ 2000 毫米。这里作为季风气候区，降水量不均衡，即降水集中在汛期，几天之内可能就会集中降下数百到近千毫米水量，导致山溪水位暴涨，形成巨大的山洪，对下游平原造成巨大的威胁。而旱季则降水很少，经常断流。山溪性河流比降大，荣枯比大，不具备运输条件。根据郑肇经先生的统计，本地区自然灾害中，涝灾和旱灾出现的比例是 6：4，因此良渚古城及其周边的基层聚落的大量人口，在汛期面临着很高的洪灾风险，旱季水上运输则可能断绝，稻作农业生产得不到便利的灌溉。

对此，良渚人的应对策略是，修建了世界上最早的大型水利系统（图 4 - 36）。

图 4 - 36　良渚古城及外围水利系统结构图

1- 塘山；2- 狮子山；3- 鲤鱼山；4- 官山；5- 梧桐弄；6- 岗公岭；7- 老虎岭；

8- 周家畈；9- 秋坞；10- 石坞；11- 蜜蜂弄

图 4-37 塘山与良渚古城关系（美国 corona 卫星影像，1969 年）

塘山东段

塘山中段

1

塘山西段

扁担山

积尚地

莫角山

良渚古城

图4—38　岗公岭—老虎岭—周家畈坝体现状（北向南拍摄）

（八）水利系统

水利系统位于良渚古城的北面和西面，目前共确认有11条堤坝，是良渚古城建设之初，统一规划设计的城外有机组成部分（图4-36）。从古城北面的塘山长堤的东端（图4-36中标为1）到最西面的蜜蜂弄坝（11），距离为11千米；从最北端的石坞坝（10）到最南端的梧桐弄坝（5），距离为5.5千米。从良渚古城的中心到蜜蜂弄坝，直线距离约10千米。

图 4—39　秋坞—石坞—蜜蜂弄坝体现状（北向南拍摄）

　　这些堤坝根据形态和位置的不同，可分为山前长堤、谷口高坝和连接小山的平原低坝三类。

　　1. 山前长堤：原称塘山或土垣遗址（图 4－38），位于良渚古城北侧 2 千米，北靠大遮山脉，距离山脚 100 ~ 200 米，全长约 5 千米，呈东北—西南走向，是目前发现的良渚文化水利系统中最大的单体。

从西到东可将其分成三段。西段为矩尺形单层坝结构。中段为南北双层坝体结构，北坝和南坝间距 20 ～ 30 米，并保持同步转折，形成渠道结构。北坝坝顶高程在海拔 15 ～ 20 米，南坝略低，坝顶高 12 ～ 15 米。渠道底部海拔 7 ～ 8 米。双坝的东端连接大遮山向南延伸的一条分水岭。分水岭以东为塘山东段，为单坝结构，基本呈直线状分布，连接到罗村、葛家村、姚家墩一组密集分布的土墩（图 4-36 中标为 2）。

2. 谷口高坝：位于西北侧较高山地的谷口位置，包括岗公岭、老虎岭、周家畈、秋坞、石坞、蜜蜂弄等 6 条坝体。可分为东、西两组，各自封堵一个山谷，形成水库（图 4-39、图 4-40）。因谷口一般较狭窄，故坝体长度为 50 ～ 200 米，大多为 100 米左右。坝体厚度近 100 米。

3. 平原低坝：建于高坝南侧约 5.5 千米的平原内，由梧桐弄、官山、鲤鱼山、狮子山 4 条坝将平原上的孤立小山连接而成，坝顶高程大约 10 米。坝长 35 ～ 360 米不等，视小山的间距而定。高坝与低坝之间的库区略呈三角形，面积约 8.5 平方千米，库区地势很低，现今仍为泄洪区。库区东端与塘山长堤相接，共同组成统一的水利体系（图 4-40）。

狮子山(2)　　　　　鲤鱼山(3)　　　　　官山(4)

图 4-40　狮子山—鲤鱼山—官山坝体现状（北向南拍摄）

溢洪道

图 4-41　高坝的溢洪道位置

溢洪道

经过地形 GIS（地理信息系统）分析，两组高坝的东侧，都有低于坝高约 1 米的山谷，能起到溢洪道的作用。其中东组坝体高程 30 米，其溢洪道位于该组坝体东侧两个自然山——猫尾巴山和鸡笼山之间的隘口（图 4 - 41），宽度约 10 米，勘探显示该隘口底部为基岩，最大高程 28.7 米。西组坝体高海拔 40 米，溢洪道位于秋坞坝的东侧，勘探结果显示此为自然岗地，顶部高度 39 米。据水利专家测算，这两个溢洪道的过水量可以满足两个库区降水泄洪的实际需求，确能起到溢洪的作用。

经过测算，库区总面积 13.29 平方千米，相当于 2 个西湖的面积；总库容 4635 万立方米，相当于 3 个西湖的水量。

（九）良渚古城城内外人口的推测

良渚遗址群一带为水乡平原，地势低洼。人口一般都居住于自然高地或人工土墩之上。

如前所述，良渚古城城墙、外郭都有居住功能，而水坝系统中最长的塘山，其上发现有墓葬、作坊，坡脚发现有生活垃圾，也被认为兼具居住功能。在良渚古城的各子系统中，莫角山为宫殿区，其上的贵族居住情形不明，但人口总数应该不会太多。我们主要估算一下居住于城墙、外郭以及塘山土垣上的人口。

　　针对古遗址的人口估算方法一般有两种，一种是对遗址的居住单元、墓葬进行全面揭露和统计分析。但是良渚古城各系统体量巨大，只能进行非常少量的解剖。同时墙体顶面房屋、墓葬遗迹多被破坏，所以通过居住的规模和布局、墓葬数量统计等途径讨论聚落人口规模的方法就失去了用武之地。因此我们根据聚落人均占地面积粗略估算人口规模，即选取一处年代类似、布局基本完整、人口数量相对明确的聚落地点，将聚落面积（除生产性作业用地外的居住区、墓区、垃圾区等聚落中心部分）除以人口数，获得该聚落的人均占有面积数据。再将目标聚落的面积除以该数值，所获的商值即视作目标聚落的人口数。在区域环境、经济生产、生活模式和聚落规模等要素比较一致的情形下，这或可算是一种不太离谱的研究统计方法。前文笔者曾初步统计过海盐仙坛庙遗址中期阶段（崧泽文化末期至良渚文化初期）及桐乡新地里遗址（良渚文化中期到晚期）的人口规模，计算出仙坛庙遗址（除去作业地部分）的聚落人均面积为 100 ~ 150 平方米 / 人。这个数值与方辉等在山东日照两城地区聚落考古人口估算中采用的现代村落人均用地面积参数 137.45 平方米 / 人接近。所以我们以此进行人口规模分析。

城墙：古城四面墙体总长度约 6000 米，墙宽 40~60 米，以中值 50 米计，加上两侧城河边坡堆积各 10 米，若将良渚城墙视为一般遗址，则其平面面积为 42 万平方米左右，除以 100~150 平方米 / 人，其承载人口为 2800~4200 人，相当于近 70 多个仙坛庙遗址式基层聚落的规模。

外郭：现在归为外郭部分的扁担山—和尚地—前山、美人地—里山、郑村—卞家山，以及西南角凤山一带，总长 6500 米。因为西侧部位被现代城镇占压，假设也有类似的结构，估算外郭总长当在 8000 米左右。根据勘探资料，外郭台地总面积为 64 万平方米，其上人口为 4200 ～ 6400 人。

城内除莫角山外的其他独立高地，如龙里、皇坟山、高北山、朱村坟等，以及西侧反山所在的长垄，面积为 123 万平方米，可承载 8200 ～ 12300 人。

因此古城及外郭的人口规模为 15200 ～ 22900 人。

水利系统中，塘山之上有居住的证据，其他水坝情形不明，暂不计。塘山长约 6500 米，宽亦与城墙类似，以 70 米计，其面积为 45 万平方米，估算其上人口有 3000 ～ 4500 人。

城外其他聚落：塘山东端在百亩山附近与山坡接续。其东侧的遗址共 30 余处，从百亩山到东侧的羊尾巴山，沿大遮山南麓坡脚和山前地带呈带状断续分布，这个距离大约为 4500 米，加上其他区域，如苏家村、梅家里、严家桥、后杨村等零星分布的点状遗址，以及苕溪北部甪窦湾—黄路头一线的南北长垄和姚家墩等成组土墩，这些遗址的总面积日后需要通过 GIS（Geographic Information System，地理信息系统）等手段进行精确估算。我们暂粗略地估计总面积为 60 万平方米，假设这些遗址在古城时期皆被利用，则其上人口当有 4000 ~ 6000 人。

How Had Been Liangzhu

何以良渚

第五章　权力与信仰

仓廪实而知礼节。良渚作为一个复杂社会，在通过移民和湿地开发，满足基本的生存所需的粮食供应后，必需有效的社会组织管理，从而在广大的时空范围内，维持着金字塔式的社会的正常运转。实际上，从崧泽文化晚期开始的大规模迁徙，本身就可能是一种有组织的共同行动，而不是纯粹自发的。在这样的大变动中，社会组织关系及其组织方法可能都发生过巨大变化。在没有文字资料可参考的史前研究中，对于社会组织和管理方式的分析，需要通过一些特殊的遗迹遗物进行观察。虽然目前考古证据还难于清楚叙述这个变化的过程细节，但是我们透过玉器这一特殊遗物，可以窥见这期间社会信仰和权力体系发生的本质变化。

良渚文化瑶山、反山遗址出土玉器上所具的神人兽面形象，是整个良渚文化圈最重要的统一形象，也称为良渚"神徽"。从纹饰的角度看，这几乎是所有良渚文化重要器形上的唯一母题。尽管在良渚文化晚期的玉琮等器物上，这一形象发生了极度简化，但是我们在上海市福泉山遗址吴家场墓地的良渚文化晚期墓葬的象牙权杖上，看见了完全一致的完整神徽，这说明这一形象从良渚文化早中期直到晚期都是统一和固定的。至于良渚文化晚期高节琮上出现的简化形象，可能是因为晚期玉料的差异，在技术上已经难于将如此繁复的细致纹饰施

刻于其上。这种由具象向符号的转化，也正代表了这一信仰已经深入
人心、牢不可破。

我们来分析这个"神徽"的构成，其重点表现的是一个头戴羽
冠的人（形）骑坐在一只重圈大眼的神兽之上。这个有着重圈大眼的
动物，在本地产生已经有很久远的历史了，在距今 7000 年的河姆渡
文化就有这种以冠形符号和重圈为象征的神的形象—可能是一种代表
日月等观念的自然神，它往往与猪、鸟等形象组合出现。这种自然
神的动物化，是古人对日月运行自然规律的拟人化表现。先民在同自
然争斗中处于软弱无力的状态，为解释种种现象往往会将自然物人格
化。这些形象尽管很难确指为何，但无疑都属于自然崇拜的范畴。直
到崧泽文化时期，其与信仰相关的母题形象，如凌家滩玉龟、八角星
纹等，都很难被理解为代表着某种崇拜对象，而比较贴近从日常事务
中提炼出的某种概念，这更可能是崧泽人对于外部世界秩序的某种理
解。因此赵辉认为，崧泽文化的信仰处于更贴近自然崇拜的原始宗教
阶段。

到了瑶山、反山墓葬出土物所指向的年代，情况就发生了本质变
化。从构图（图 5-1）上看，最重要的一点变化是在兽的形像上增加

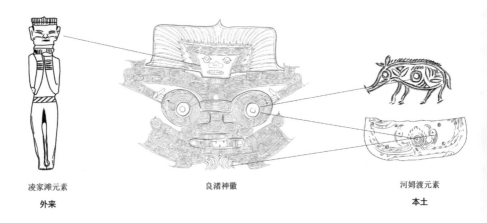

凌家滩元素　　　　　　　　　　良渚神徽　　　　　　　　河姆渡元素
外来　　　　　　　　　　　　　　　　　　　　　　　　　**本土**

图5-1　良渚"神徽"的元素来源

了居于主体位置的人形象。这就意味着，在良渚文化的信仰体系中出现了一种人形神统摄日月星辰的运行，其居于类似上帝的地位，从而成为信仰的符号。

在出土的崧泽文化器物中，未见人凌驾于神的形象，且其本身也不是人们的崇拜对象。如凌家滩双手套满手镯的玉人，可能就是当时贵族或巫师的形象，本身并未神格化，但是我们要记住这个形象中的那张头戴冠帽的大方脸。

到了良渚文化早期，张陵山遗址出土的迄今断代最早的神面，也只有兽的形象，没有神人，兽的眼睛就是河姆渡时期那个重圈的太阳纹。因此，可以理解为这是对早期河姆渡文化之类附带太阳纹的动物形象在玉器上的形式再造。玉器上最早和神兽组合共出的是赵陵山遗址出土的一个侧面人像，人也未居于神兽之上。

等到了瑶山、反山墓葬对应的时代，人的形象已经成功居于上位，完成了"逆袭"。这个时候，就构图符号而言，大冠帽、重圈纹以及它们与兽、鸟等动物形象的传统组合仍被保留，唯一不同的就是方脸的人形象堂而皇之地成为主角，冠形符号巧妙地化成神人的羽冠，重圈符号变成了神兽的大眼。在完整的组合中，主题两侧的鸟身上也有这种重圈符号，并和兽眼保持同步的繁简形式变化。而现在有不少考古学线索显示，良渚文化时期最高端的精英分子，很可能是凌家滩文化那批掌握着高超玉器制作能力的人的移民（后裔）——就是那个双手套满玉镯，头戴冠帽的方脸巫师所代表的人群。而这一移民行为很可能是先由太湖北道，沿长江进入太湖北部的江苏，再经过太湖向南进入良渚地区的。我们恰巧发现，凌家滩文化这支的方脸形象，也在这种迁移过程中和本地土著以重圈纹为代表的传统信仰相结合，最后形成良渚"神徽"这一复合信仰符号。

良渚"神徽"在广泛区域内不断被强调，成为具有排他性的唯一神性符号，可以理解为这一轮宗教改革业已完成，并在广大区域内获得认可。赵辉称这一由自然崇拜到人格化一神教的转变为"崧泽风格"
到"良渚模式"的变化。^①

为何具有人形神的统一信仰符号对良渚社会的组织特别重要呢？
这应该和这个神人的身份设定密切相关。

关于人形象在崇拜符号中的突然出现，赵辉理解为这是良渚人在
建设新社会并取得一系列辉煌成就后，对英雄人物的讴歌，表达着人
定胜天的豪迈情怀。但是，我更倾向于相信，在良渚文化以血缘宗法
作为基础管理纽带的社会，出现个人形象并不标志着普遍意义上的人
本主义思想的出现，而是将某个宗族的祖先加以神化，或者更可能是
编造出种种神迹与传说英雄人物产生直接关联，从而赋予其直系后裔
天然的神性，使其统治具备天然的合理性。抽象的天神经过人形化，
他在世间就可以有以人形象出现的代言人，如巫和王。当巫与王扮成
神的模样，通过降神和附体等手段宣示神喻，更容易引起人们的心理
认同。

---

① 赵辉：《从"崧泽风格"到"良渚模式"》，浙江省文物考古研究所、北京
大学中国考古学研究中心：《权力与信仰——良渚遗址考古特展》，文物出版社，
2015年。

　　"神徽"可以理解为借助了传统的神的躯壳，极大强化了崇拜观念体系中"人形神"的地位，并在现实世界中巩固了统治者的执政合法性，是一种神权表象下对王权的强调。譬如"天命玄鸟，降而生商"的商代始祖契就是其母亲吃了玄鸟蛋而生的；周的始祖是其母亲姜嫄"履大人迹"，踩了神人的脚印后而受孕而生的。乃至后来中国皇帝自称天子，日本的天皇号称是日照大神的后裔，这些都与良渚文化的套路一样。

　　另外一点，就是早先出现在陶器、木器、牙骨器等广泛材质器物上的崇拜内容，到这时全部集中出现在玉和象牙等一般成员难于获得的材质上，陶器等不再作为信仰视觉符号的主要载体。

　　我国文献中有"绝地天通"的说法，实际上指的是日月山川等自然物质对于每个人都是一样的，所以人人可祭，民神糅杂；而将人形神加入并令其祖居于上位，则具有天然血缘关系的"天之子"，就垄断了祭祀权，在神权中居于主导地位。既然这个"神徽"形象在整个太湖流域的良渚文化圈中统一存在，那么它的代言人自然在这一广大区域内也具有统治的合理性。

　　在良渚文化社会，宗教和军事、社会管理权力是密不可分的。最高等级的良渚墓葬中，墓主人同时拥有大量的玉钺和石钺以及琮璧等宗教法器，反山 M12 玉钺上更是装饰着神人兽面纹，其他最高等级的男性墓葬中还出土了带有镦瑁的豪华权杖，其上部的镦实际上就是一个折叠的具有"神徽"意味的形象，这个形象说明了"军（王）权神授"（图 5-2，图 5-3）。

中村慎一认为，各地出现的形制高度一致的玉器，可能是由良渚遗址群统一制作，由这里的贵族集团分派、馈赠出去的，它们用这样的方式承认或分派给各地贵族的地方区域治权，换取其对中央的认同和支持。[①] 因此，良渚宗教的本意就是借此实现对整个良渚社会的管控，是一种"政治宗教"。

通过前文的叙述，我们可以对"何以良渚"这个题目做出一个最简洁的总结：

5500aB.P. 气候事件促使人们由狩猎采集转向稻作栽培，引发了人们从山间谷地向太湖平原的迁移和聚集。水网平原的低湿环境促使人们营建人工台墩，形成散点式密集分布的小型聚落，开创了江南水

---

① 　中村慎一：《良渚文化的遗址群》，北京大学中国考古学研究中心：《古代文明》（第 2 卷），文物出版社，2003 年。

图5-2（上） 反山墓葬出土玉钺
图5-3（下） 反山墓葬出土玉钺拓片

乡生活模式。人地的和谐发展促使文明化进程加快，形成了阶层分化和"都—邑—聚"的金字塔型聚落结构。基层聚落内部实行血缘制的宗族化管理，高层人士通过玉器为主的载体形成等级制，并以一神教为手段使各区块形成具有从属关系的联盟，区块内部则可能主要通过血缘纽带实施管理，以此构成神王之国的组织模式，并在此基础上开创了 5000 年前的灿烂文明。